suhrkamp taschenbuch 2449

W0074519

Kuba ist das Thema. In scharf umrissenen Bildern, knappen Texten, aufgereiht an einer imaginären Schnur namens Geschichte, erscheinen vor unserem Auge die Ereignisse, die vielsagenden Begegnungen und Momente, die das tragische Gesicht der Insel hinter der Maske tropischer Lebensfröhlichkeit geprägt haben. Von der Zeit der ersten Besiedelung, als ein Indiovolk ein anderes überwältigte, über die spanische Eroberung mit ihrer offenen Gewalt, über die Kolonialzeit, die Batista-Diktatur bis hin zur Revolution und Regierung Castros spannt sich der Bogen. Mit seiner Chronologie in einzelnen Skizzen, auf Kuba begonnen, in London beendet, »fängt Cabrera Infante kurze Momente der kubanischen Geschichte ein, doch so prägnant, daß sie uns mehr, und dies unmittelbarer, erschließen, als ein dickes historisches Werk es vermöchte«. *Neue Zürcher Zeitung*

Guillermo Cabrera Infante, 1929 auf Kuba geboren, wuchs in der Zeit der Batista-Diktatur auf. 1952 wurde er wegen einer als obszön angesehenen Erzählung verhaftet und zu einer Strafe verurteilt. Er war der Gründer und Leiter der kubanischen Kinemathek. In der revolutionären Periode lernte er Che Guevara und Fidel Castro kennen und leitete das Literaturmagazin *Lunes de Revolución*. Bereits 1961 jedoch geriet er in Konflikt mit der politischen Führung, der er die Abwesenheit des kritischen Prinzips im revolutionären Prozeß vorwarf, trat 1965 von seinem Posten als Kulturattaché in Belgien zurück und ging ins Exil. Seitdem lebt er in London.

Im Suhrkamp Taschenbuch Verlag sind erschienen: *Drei traurige Tiger*. Roman (st 1714) und *Rauchzeichen* (st 1750).

Guillermo Cabrera Infante
Ansicht der Tropen
im Morgengrauen

Aus dem Spanischen
von Wilfried Böhringer

Suhrkamp

Die Originalausgabe erschien 1974 bei Seix Barral
unter dem Titel *Vista del amanecer en el trópico*
Die Übersetzung folgt der vom Autor erweiterten Ausgabe,
die 1988 bei Faber & Faber unter dem Titel
View of Dawn in the Tropics erschien.
Umschlagfoto: Stephan Erfurt

suhrkamp taschenbuch 2449
Erste Auflage 1995
© Guillermo Cabrera Infante 1974, 1988
© der deutschen Ausgabe Suhrkamp Verlag Frankfurt am Main 1992
Suhrkamp Taschenbuch Verlag
Alle Rechte vorbehalten, insbesondere das
des öffentlichen Vortrags, der Übertragung
durch Rundfunk und Fernsehen
sowie der Übersetzung, auch einzelner Teile.
Druck: Nomos Verlagsgesellschaft, Baden-Baden
Printed in Germany
Umschlag nach Entwürfen von
Willy Fleckhaus und Rolf Staudt

1 2 3 4 5 6 – 00 99 98 97 96 95

Ansicht der Tropen
im Morgengrauen

Sobald der Morgen graut, gehen wir.

GOYA, *Caprichos*

DIE INSEL TAUCHTE AUS DEM OZEAN AUF wie ein Venus-
land: aus dem Schaum in beständiger Schönheit. Aber da
waren noch mehr Inseln. Anfangs waren es tatsächlich ver-
einzelte Eilande. Dann wurden aus den Eilanden Berge und
aus den Untiefen zwischen ihnen Täler. Später vereinten
sich die Eilande zu einer großen Insel, die bald grün wurde,
wo sie nicht goldbraun oder rötlich war. Die Insel unter
dem Wendekreis des Krebses war ein Paradies für Vögel
und Fische, aber sie taugte nie für Säugetiere. Die Insel war
eigentlich ein Archipel: eine längliche Insel neben einer
kleineren runden Insel, die Tausende von Eilanden und Inselchen umgaben und auch noch andere Inseln, die Cayos,
die man später Schlüssel zum Ozean nannte. Da die lange,
schmale Insel eine charakteristische Form hatte (seltsamer-
weise die eines Kaimans), verschlang sie geographisch die
Gruppe, und niemand sah den Archipel. Er ist immer noch
da, aber die Einheimischen ziehen es vor, die Insel einfach
nur Die Insel zu nennen, und vergessen die abertausend
Cayos, Inselchen und Eilande, Gerinnsel an einer grünen,
niemals heilenden Wunde, die die Umfahrung der großen
Insel erschweren.

Da ist sie, die Insel, taucht immer noch auf zwischen der
offenen See und dem Golf, mit Riffen und Sandbänken
bekränzt und durch den Golfstrom mit dem Ozean vertäut:
da ist sie

*... die Geschichte beginnt mit der Ankunft
der ersten weißen Männer, deren Taten sie
aufzeichnet.*

Fernando Portuondo

ABER VOR DEM WEISSEN MANN waren die Indianer da. Die ersten, die eintrafen – sie kamen wie alle vom Kontinent –, waren die Siboneys. Dann kamen die Tainos, die die Siboneys wie Knechte behandelten. Die Siboneys konnten weder den Boden bestellen noch Werkzeuge machen: sie befanden sich noch im Sammlerstadium, als die Tainos eintrafen. Tainos und Siboneys waren ihrerseits den Kariben ausgeliefert, kriegerischen Kannibalen, die immer wieder den Osten der Insel heimsuchten. Die Kariben waren wild und stolz und hatten einen Wahlspruch: »Ana carina roto« – Nur wir sind Menschen.

Als die Weißen kamen, waren sie vom Anblick der Insel hingerissen: »Ich habe keinen schöneren Ort je gesehen. Die beiderseitigen Flußufer waren von blühenden, grün-umrankten Bäumen gesäumt ...« Späher, die zur Erkundung der näheren Umgebung ausgesandt wurden, kamen voll des Lobs für die Gastfreundlichkeit der Eingeborenen zurück, von denen viele »einen Feuerbrand und bestimmte Kräuter in Händen hielten, um sich ihren Gebräuchen gemäß zu beräuchern«, und es gebe auch »zahlreiche Baumarten, Kräuter und wohlriechende Blumen, verschiedenste Vogelarten« und »Hunde, die nicht bellen«. Die Eingeborenen liefen halbnackt herum, sowohl die Männer als auch die Frauen, und alle seien sie ohne jede Arglist. Überdies pflegten sie den gräßlichen Brauch, sich so häufig zu baden, daß der König, nachdem man ihn darüber informiert hatte, ein königliches Dekret erließ, in dem er ihnen empfahl, sich nicht allzu oft zu baden, »denn Wir halten dafür, daß ihnen dies großen Schaden zufügt«.

Als die Entdecker kamen, gab es auf der Insel mehr als

hunderttausend Indianer. Hundert Jahre danach waren es keine fünftausend mehr; sie waren durch Masern, Pocken, Grippe und Mißhandlungen dezimiert worden, aber auch durch Selbstmord, den sie in Massen begingen. Überdies gab es auch Gefechte zwischen den nur mit Pfeil und Bogen bewaffneten Indianern und den Besuchern, die zu Pferd saßen und Rüstungen trugen und so zu regelrechten gepanzerten Maschinen wurden. Die Eingeborenen schenkten den Eroberern ihrerseits zwei Seuchen: das Laster des Rauchens und die Syphilis, die unter ihnen endemisch war.

Anfangs hatten die aufständischen Eingeborenen, begünstigt durch das unwegsame, ihnen aber vertraute Gelände, gewisse Erfolge. Doch schließlich wurden sie durch das Schwert und das Pferd besiegt.

AUF DEM KUPFERSTICH SIEHT MAN DIE HINRICHTUNG oder eher die Folterung eines Indianerhäuptlings. Er ist rechter Hand an einen Pfahl gebunden. Die Flammen schlagen bereits aus dem Stroh am Fuß des Pfahls. Daneben ein Franziskanerpater, der den Schaufelhut auf dem Rücken hängen hat und sich ihm zuneigt. Er hat in der einen Hand ein Buch – ein Missal oder eine Bibel –, und in der anderen hält er ein Kruzifix. Der Geistliche nähert sich dem Indianer mit einer gewissen Angst, denn ein gefesselter Indianer ist ja immer furchterregender als ein freier: vielleicht, weil er sich losreißen könnte. Er versucht noch, ihn zum christlichen Glauben zu bekehren. Auf der linken Seite des Stichs schaut eine Gruppe von Konquistadoren in eiserner Rüstung mit Hakenbüchsen in den Händen und gezückten Schwertern der Hinrichtung zu. In der Mitte des Stichs sieht man einen Mann, der sich eifrig bemüht, das Feuer gegen den Indianer zu schüren. Der Rauch des Feuers nimmt den ganzen oberen rechten Teil des Stichs ein, so daß dort sonst nichts zu sehen ist. Doch links im Hintergrund verfolgen mehrere Konquistadoren zu Pferd eine Schar halbnackter Indianer, die in wilder Flucht den Rändern des Stichs zustreben.

Die Legende erzählt, der Geistliche habe sich dem Indianer noch mehr genähert und ihm angeboten, er könne in den Himmel kommen. Der Indianerhäuptling konnte nur wenig Spanisch, aber er verstand genug und begriff hinlänglich, um zu fragen: »Und die Spanier, auch in Himmel kommen?« »Ja, mein Sohn«, sagte der gute Pater durch den beißenden Rauch und die Hitze, »die guten Spanier kommen auch in den Himmel«, sagte er in väterlichem, wohlwollendem Ton. Da hob der Indianer sein stolzes Kazikenhaupt mit dem langen, fettigen, hinter den Ohren zusammengebundenen Haar und dem Adlerprofil, das noch heute auf den Flaschenetiketten einer Biermarke seines Namens zu sehen ist, und sagte ruhig durch die Flammen hindurch: »Ich lieber nicht in Himmel, ich lieber in Hölle.«

ALS SIE IN EIN GROSSES DORF KAMEN, fanden die Konquistadoren auf dem Hauptplatz etwa zweitausend Indianer vor, die sie mit Geschenken, viel Fleisch und Maniok, erwarteten; sie hockten alle auf dem Boden, und einige von ihnen rauchten. Die Indianer begannen gerade das Essen zu verteilen, als ein Soldat sein Schwert zog, auf einen von ihnen eindrang und ihm mit einem einzigen Hieb den Kopf vom Rumpf trennte. Andere Soldaten taten es dem ersten nach und begannen ohne jeden Anlaß nach allen Seiten Schwerthiebe auszuteilen. Das Gemetzel wurde noch schlimmer, als mehrere Soldaten in einen *Batey* eindrangen, ein sehr großes Haus, wo mehr als fünfhundert Indianer versammelt waren, »von welchen nur sehr wenige zu fliehen imstande waren«. Pater Las Casas berichtet: »Das Blut floß in Strömen, als wären viele Kühe geschlachtet worden.« Als eine Untersuchung des blutigen Zwischenfalls angeordnet wurde, fand man heraus, daß die Konquistadoren, da man sie mit solcher Freundlichkeit empfing, »vermeinten, so viel Höflichkeit habe nur den Zweck, sie mit größerer Sicherheit töten zu können«.

IN WELCHEM ANDEREN LAND DER WELT gibt es eine Provinz namens Matanzas, d. h. Gemetzel?

ZUR VERFOLGUNG FLÜCHTIGER INDIANER und entlaufener Negersklaven erfand man auf der Insel eine vorzügliche Fährtensuch- und Vernichtungsmaschine: den Killerbluthund. Sein Ruhm verbreitete sich über das ganze Territorium, und sehr bald wurden viele davon in den Süden der Vereinigten Staaten exportiert, wo sie als *Cuban hounds* bekannt waren.

Auf einem anderen Stich sieht man einen entflohenen Sklaven, den zwei Bluthunde in die Enge getrieben haben. Barfuß und in zerrissenen Kleidern, hält der Cimarrón ein Buschmesser oder eine Machete in der Hand. Einer der Hunde kommt ihm von links gefährlich nahe, während der andere den Weg nach rechts versperrt. In der Mitte des Stichs sieht man einen Topf und ein erloschenes Feuer. Und da ist auch noch ein Hut aus *Guano*, *Yarey* oder Palmstroh. Zwischen dem Flüchtling und den Hunden sind nur seine Machetenhiebe, die die Luft zerschneiden. Die Bildunterschrift lautet: »Der von den Hunden aufgespürte Cimarrón setzt sich gegen sie zur Wehr wie ein in die Enge getriebenes wildes Tier.«

DIE TABAKPFLANZER HATTEN SICH ERHOBEN, um gegen das von der Regierung verfügte staatliche Tabakmonopol zu protestieren. Nicht alle beteiligten sich an dem Aufstand, doch die es nicht taten, mußten hinnehmen, daß die Aufständischen ihre Ernte zerstörten. Sie waren jetzt ein Haufen von achthundert oder neunhundert Mann, die auf die Hauptstadt zu marschieren drohten. Doch der Generalkapitän war auf der Hut und schickte den Tabakpflanzern eine Einheit von zweihundert gut bewaffneten Männern entgegen. Die Truppen warteten in einem Hinterhalt, und als die Aufständischen auftauchten, griffen sie an, töteten einen, verwundeten viele und setzten die übrigen gefangen. Von den Verwundeten starben acht, und die elf von der Vorhut, die man gefangengenommen hatte, wurden ohne Verfahren auf Befehl des Generalkapitäns hingerichtet, und ihre Leichen hängte man »zur öffentlichen Abschreckung an verschiedene Bäume entlang den Hauptstraßen«.

HIER HABEN WIR EINE LANDKARTE, die wenige Tage (oder vielleicht Wochen oder Monate) vor dem Angriff der Engländer auf die Hauptstadt der Insel angefertigt wurde. Wie man sehen kann, ist die Karte eher eine grobe Skizze, doch sie erfüllt ihren Zweck sehr gut, denn die Festungen El Morro und La Cabaña jenseits der Bucht und die Festungen im eigentlichen Havanna, La Punta, das Kastell von Atarés und der San-Lázaro-Turm sind genau verzeichnet. Es fällt auf, wie sehr die Karte die charakteristischen Merkmale der eigentlichen Stadt und ihrer Umgebung verzerrt. Man nimmt an, daß diese Karte von einem englischen Spion angefertigt wurde.

DIE BELAGERUNG DER STADT dauerte über anderthalb Monate. Schließlich gelang es den Engländern, auf der hinteren Seite der Festung El Morro eine Sprengladung zu zünden und durch die Bresche einzudringen. Vor dem Sturmangriff ließ der Graf, der die Engländer befehligte, dem Festungskommandanten eine Botschaft überbringen, in der er ihn aufforderte, sich zu ergeben. Doch der Kommandant lehnte es ab, sich zu ergeben, und verkündete, er werde bis zum bitteren Ende kämpfen. Die englischen Truppen drangen in El Morro ein und stießen kaum auf Widerstand, da sich die meisten Verteidiger ergaben oder bereits Richtung Stadt geflohen waren. Bei dem Sturmangriff wurde der Festungskommandant tödlich verletzt und fiel mit dem Degen in der Hand. Diese Tapferkeit vor dem Feind fand die Bewunderung der Engländer, und sie befahlen, ihn in die Stadt zu bringen, damit er von den Ärzten versorgt würde. Als der Kommandant starb, schlossen sich die Engländer der Trauer an, indem sie mit ihren Gewehren als letzten Salut eine Salve in die Luft abfeuerten.

AUF DEM STICH SIEHT MAN EINE SKLAVENROTTE. Sie werden von einem Treiber an der Spitze der Reihe geführt, und ein weiterer spornt sie mit Peitschenhieben an. Die Sklaven tragen je zu vieren einen gemeinsamen Halsstock, der gewöhnlich aus Holz ist. Sie sind barfuß und halbnackt, während die Treiber breitkrempige Hüte tragen, um sich gegen die Sonne zu schützen. Einer der Treiber raucht eine Zigarre und hat es offenbar nicht sehr eilig, seine Rotte an ihren Bestimmungsort zu bringen, während der andere die Peitsche in der Luft knallen läßt. Hinter der Gruppe sieht man eine Palme und mehrere Bananenstauden, die dem Rest des Stichs eine exotische, fast bukolische Note verleihen.

DIE GESCHICHTE SAGT: »Unter den Farbigen keimte allmählich die Absicht auf, es den Haitianern nachzutun. Die Aufstände der Schwarzen in den Zuckermühlen wurden immer häufiger, doch es mangelte ihnen an Einigkeit und Lenkung.«

Die Legende erzählt, daß die größte Erhebung rechtzeitig erstickt werden konnte, weil ihr der Gouverneur höchstpersönlich auf die Spur kam, als er bei einem Rundgang die Unterhaltung einiger Schwarzer in einer Hütte vor den Mauern der Stadt mithörte.

In Wirklichkeit wurden die Verschwörer, wie das häufig der Fall ist, verraten, und zwar von einem Mitbewohner des Hauses, auf dessen Dachterrasse sich die Verschwörer zu treffen pflegten.

Die Verschwörer wurden alle erhängt.

Er war ein Dichter, Sohn einer spanischen Tänzerin und eines mulattischen Friseurs, und mußte sich seinen Lebensunterhalt als Kammacher verdienen. Er hatte einiges Talent, und seine Gedichte fanden auf der Insel allmählich Verbreitung und Wertschätzung. Aber er wünschte sich sehnlichst, außerhalb des Landes bekannt zu werden.

Sein Leben stand unter einem ungünstigen Stern. Gleich nach seiner Geburt gab man ihn ins Waisenhaus, und als er kaum fünfunddreißig Jahre alt war, wurde er verhaftet, der Verschwörung gegen die Kolonialmacht angeklagt und zum Tod durch Erschießen verurteilt. Während der Gerichtsverhandlung, bei der man ihm keinen verbrecherischen Umsturzversuch nachweisen konnte, blieb er gefaßt. Die Nacht vor der Hinrichtung verbrachte er damit, ein Gebet in Form eines Gedichts zu schreiben. Mit ihm wurde er postum im Ausland berühmt.

DIE WANDINSCHRIFT, die auch nach einhundertfünfzig Jahren noch anrührt, lautet:

> Hoch die unabhengigkeit
> mit fernunft oder gewalt
> Herren Stattrat von trinidad
> unabhengigkeit odertod.

SEIN LEBEN WAR DURCH GEGENSÄTZE GEKENNZEICHNET.
Er wurde in Venezuela geboren und trat als sehr junger Mann in die spanische Armee ein, mit der er gegen die Befreier seines Landes kämpfte. Mit den in Venezuela besiegten Truppen kam er auf die Insel. Er trug die Rangabzeichen eines Obersten und »stand im Rufe, unerschrocken zu sein«. Desgleichen stand er im Ruf, sportlich und ein Freund von Vergnügungen zu sein. Er sah sehr gut aus und war in den Salons der besten Gesellschaft zu Hause. Schließlich heiratete er eine Habanera aus begüterter Familie und wurde nach Spanien versetzt, wo damals die Karlistenkriege wüteten. Dort stieg er schnell zum Feldmarschall auf. Mit wichtigen Aufgaben betraut, kehrte er zur Insel zurück. Doch irgendwie – vielleicht war seine Sportbegeisterung der Grund dafür – begann er gegen die Kolonialmacht, an der er selbst noch teilhatte, zu konspirieren. Er mußte aus dem Land fliehen.

In der Absicht, »die Insel vom kolonialen Joch zu befreien«, kehrte er an der Spitze einer Expedition zurück. Die Expedition war ein Fehlschlag, doch zum ersten Mal wurde auf der Insel unter der Fahne gekämpft, die Jahre später zur Nationalflagge werden sollte. Wie durch ein Wunder gelang ihm erneut die Flucht ins Ausland. Nach kurzer Zeit organisierte er eine weitere Expedition, die ebenfalls fehlschlug. Doch diesmal wurde er gefangengesetzt, vor Gericht gestellt und dazu verurteilt, durch die Garrotte zu sterben. Es heißt, als er das Schafott bestieg, habe er der Menschenmenge, die der Hinrichtung beiwohnen wollte, mit demselben eleganten Lächeln zugelächelt, das er kaum zehn Jahre davor in den Salons der Stadt zur Schau getragen hatte.

DER ANFÜHRER DES AUFSTANDES war ein in Barcelona ausgebildeter Rechtsanwalt, ein kultivierter Mann, der fast alle Länder Europas bereist hatte. Er war von mittlerer Statur, doch sein Auftreten ließ ihn größer erscheinen. Überdies war er ein ausgezeichneter Reiter und ein geschickter Fechter.

Am Tag der Erhebung entließ er alle Sklaven, die auf seiner Hacienda arbeiteten, in die Freiheit und verfaßte ein Manifest, das folgendermaßen begann: »Wir erachten diese erhabenen Prinzipien für geheiligt: Wir glauben, daß alle Menschen gleich sind; wir legen höchsten Wert auf Toleranz, Ordnung und Gerechtigkeit in allen Dingen; wir achten das Leben und die Besitztümer aller friedlichen Bürger, selbst der Spanier, die auf diesem Territorium wohnen; wir treten für das allgemeine Wahlrecht ein, das die Souveränität des Volkes gewährleistet ...«

Er marschierte an der Spitze einer Kolonne von »etwa zweihundert Mann, von welchen nur wenige Feuerwaffen bei sich trugen«, zur benachbarten Ortschaft. Er rechnete damit, sie ohne Widerstand besetzen zu können, da man dort wohl außer ein paar *Salvaguardias* der Landwehr keine Truppen antreffen würde. »Unterwegs machten sie kurz bei der Zuckermühle halt ... und später auf der Hacienda ..., wo man zu Mittag speiste, um dann am Nachmittag den Marsch fortzusetzen, so daß sie ... am Abend des besagten Sonntags, den elften, ankamen ... Als Vorsichtsmaßnahme ließ der *Caudillo* vor dem Ort haltmachen und schickte einen Spähtrupp aus.« Außerdem sandte er dem örtlichen Befehlshaber eine Aufforderung, sich zu ergeben, und dieser »bot an, sich auf Gnade und Ungnade zu ergeben«.

Doch im selben Augenblick kam von der anderen Seite eine feindliche Kolonne in die Ortschaft und legte, nachdem sie erfahren hatte, daß sich die Aufständischen näherten, auf dem Marktplatz einen Hinterhalt: Als die Kolonne der Aufständischen unter Hochrufen auf den Platz kam, wurde sie in der Dunkelheit von einer unverhofften Gewehrfeuersalve empfangen, worauf sie »in völliger Auflösung« den Rückzug antrat. Doch der Ort wurde zum Symbol für die Freiheit des Landes.

Den Aufständischen gelang es, eine wichtige Stadt einzunehmen, und sie besetzten sie »inmitten allgemeiner patriotischer Trunkenheit«.

Die Glocken mehrerer Kirchen läuteten gleichzeitig, es wurden Salven in die Luft abgefeuert, die Pferde wieherten, als, »von einer begeisterten Menschenmenge dazu aufgefordert«, Perucho Figueredo hoch zu Roß die Verse zu einem Marsch verfaßte, der erst kurz davor mit Anleihen bei Mozart von ihm komponiert worden war und den jetzt alle vor sich hin trällerten.

Die Verse begannen:

> In den Kampf, ihr Männer von Bayamo,
> das Vaterland schaut stolz zu euch empor

Doch schon eine Strophe weiter versprachen sie:

> Für das Vaterland sterben
> heißt leben ...

Wenige Tage später sollte eine feindliche Kolonne von den Rebellen besiegt werden, obwohl diese nur mit Macheten bewaffnet waren, die jedoch »den Lauf eines Karabiners ... mit einem einzigen Hieb« abzuhauen vermochten. So wurde die Machete zur bevorzugten Waffe der Aufständischen.

Die Machete ist nicht, wie der Revolver oder der Dolch, eine Verteidigungs- oder Angriffswaffe: Sie ist ein Arbeitsgerät, das speziell dafür geschaffen ist, Zuckerrohr zu schneiden, das aber auch dazu benutzt wird, sich einen Weg durch den Busch zu bahnen und Pfade in den Urwald zu schlagen. Sie sieht aus wie eine Kreuzung aus napoleonischem Säbel und mittelalterlichem Schwert, und ihr Griff ist zwar gewöhnlich aus Holz, wird aber auch aus Horn und manchmal sogar aus kostbarem Perlmutt gemacht. Die besten tragen stolz eine englische oder amerikanische Marke namens Collins. Diese nannten die Aufständischen »Garantierte« oder »Coyín«.

DIE FEINDLICHE KOLONNE, die unter dem Befehl eines Grafen stand, war nahezu dreitausend Mann stark, während die Kolonne der Aufständischen nur knapp fünfhundert Gewehrschützen zählte. Das Gefecht – oder besser gesagt: das Massaker – fand an einem Fluß statt, der heute nur noch ein staubiger Graben ist. Das Ergebnis der Schlacht zwischen Macheten und Kanonen ließ nicht lange auf sich warten. »Das vaterländische Heer mußte sich in völliger Auflösung zurückziehen, und das spanische nutzte diese Zeit, um eilends seine Toten zu bestatten, und setzte dann seinen Marsch nach Bayamo fort, ohne dabei auf irgendein Hindernis zu stoßen.«

Doch die Rebellen beschlossen, die Stadt – die erste, die sie erobert hatten – lieber niederzubrennen, als sie dem Feind auszuliefern, und als der Graf einmarschierte, fand er nur noch brennende Ruinen vor und Asche, die der Wind wie Staub über die Savanne trieb.

Sie hatten auf dem Friedhof zwischen den Gräbern gespielt (»Ach, armer Yorick, usw.«), während sie auf die Ankunft des Anatomieprofessors warteten. Dann ließen sie den Karren mit den Knochen in einer Ecke stehen. Aber am nächsten Tag entdeckte man, daß eines der Gräber einen Kratzer auf der Glasscheibe aufwies, und es war nicht irgendein Grab: Es gehörte einem spanischen Journalisten, der im Ausland beim Duell gegen einen exilierten Kubaner umgekommen war. Sogleich erhob sich unter den Hütern der öffentlichen Ordnung ein großes Gezeter. Da sie das Freiwilligenkorps fürchteten, willigten sie ein, den Studenten den Prozeß zu machen, doch diese wurden willkürlich unter allen Studierenden der Medizinischen Fakultät ausgewählt. Einige der Ausersehenen hatten am fraglichen Tag nicht einmal am Unterricht teilgenommen. Zwei davon waren überhaupt nicht in der Stadt gewesen. Schließlich wurden acht von ihnen vor Gericht gestellt, zum Tode verurteilt und erschossen. Keiner war älter als zwanzig Jahre.

SCHWER VERWUNDET blieb der frühere Anführer des Aufstands im Lazarett der Rebellen zurück. Als er genesen war, erfuhr er, daß er für den Rest seines Lebens gehbehindert sein würde. Dennoch beschloß er dazubleiben. »Hier werde ich zu etwas nütze sein«, schrieb er in einem Brief. Als das Feldlazarett verlegt wurde, ging er nicht mit, weil er mittlerweile diesen Landstrich liebgewonnen hatte: Er mochte die seltsamen Riesenfarne und hatte Gefallen daran, den Kindern der Umgegend Unterricht zu erteilen und morgens die Honigwaben wilder Bienen einzusammeln. Er schrieb auch gerne Briefe, und in regelmäßigen Abständen kam ein Kurier vorbei, dem er Lesen und Schreiben beigebracht hatte. »Ich bin zufrieden mit dem, was ich habe«, schrieb er an seine Frau. »Ich lebe in einer Hütte oder unter freiem Himmel, inmitten einer sonderbaren baumartigen Vegetation. Ich fühle mich bei Kräften und esse, was man mir gibt: Früchte und ab und zu etwas Geflügel und Fleisch vom Hutia und vom Wildschwein.« Er war ein naiver Mensch und schmückte die Wildnis mit seiner romantischen Prosa aus: ». . . die Nachtigallen singen und verzaubern das Abenddämmern, und von den Gipfeln eilt hurtig ein kühnes Bächlein herab.« Trotz der Personifizierung und obwohl der *Bohío* bei ihm zur Hütte und die *Sinsontes* und *Zorzales* zu abendlichen Nachtigallen wurden, wußte er durchaus auch die Wirklichkeit wahrzunehmen. Einer der Generäle bestellte einen ausländischen Journalisten in den Ort, und er diente diesem als Dolmetscher, und irgendwie erfuhr der Feind von seinem Versteck. Der Kurier kam ihn warnen, aber er beschwichtigte ihn und schrieb weiterhin seine Briefe. »Ich glaube nicht, daß ich als Gefangener sterben werde«, schrieb er an seinen Bruder, »denn mein Revolver hat sechs Geschosse, fünf für den Feind und eines für mich selbst. Nachdem ich diese

Freiheit gekannt habe, werde ich nie als Gefangener leben können. Zwischen Gefängnis und Tod entscheide ich mich für den Tod.«

Ein kleiner Junge kommt am frühen Morgen zu ihm und sagt ihm Bescheid, daß das Heer im Anmarsch ist, und er verläßt hinkend die Ortschaft. Nachdem er sich den ganzen Morgen im Busch versteckt hat, wird er um die Mittagszeit durstig und sucht nach Curujeyes, diesen Schmarotzerpflanzen, die ein Feind des Baumes und ein Freund des Reisenden sind: Sie sind alle schon trocken. Als er vom Berg zum Fluß hinabkommt, entdeckt ihn ein Feldposten. Er schießt, verwundet ihn und läuft auf den Bach zu. Da spürt er einen Schlag am Bein und weiß, daß er getroffen ist. Er sucht zwischen den großen weißen Felsbrocken Schutz. Ein Soldat will sich von oben auf ihn stürzen, und er schießt aus nächster Nähe auf ihn. Der Soldat rollt zwischen den Steinen herab; er richtet sich auf, um ihn zu betrachten: Es ist der erste Mensch, den er getötet hat. Und der letzte: Eine Kugel trifft ihn in den Hals, eine andere in die Brust, eine weitere in den Bauch. Er fällt ins Wasser und treibt stromabwärts und bleibt schließlich an einer Wurzel hängen.

AUF DEM STICH, der in New York veröffentlicht wurde, sieht man im Vordergrund vier Mambises – so nannten die Aufständischen ihr Rebellenheer, um es von der Guerrilla zu unterscheiden, die aus Spaniern und abtrünnigen Kubanern bestand –, drei zu Fuß und einer zu Pferd. Der Reiter ist ein Schwarzer und trägt seine Machete am Gürtel. Zwei der Fußleute sind ebenfalls Schwarze, im Gegensatz zum Reiter sind sie barfuß. Einer von ihnen sitzt zur Rechten und hat den Kopf gegen die Flinte gelehnt. Der andere Schwarze unterhält sich mit einem weißen Mambí: Er hat ein Tuch um den Kopf gebunden, während alle anderen einen Hut aus Guano oder Yarey, aus Palmstroh tragen. Der weiße Mambí hat den Säbel gezogen und hält ihn lässig in der rechten Hand, die Linke umfaßt die Zügel des Pferdes, eines sieben Spannen hohen kreolischen Ponys. Der Mambí mit dem Piratenkopftuch trägt eine Flinte mit Bajonett. Während er mit dem weißen Mambí spricht, hält er die Flinte vor sich, fast in Präsentierhaltung. Rechts im Hintergrund sieht man zwei Mambises, einen weißen und einen schwarzen, die unter einer Palme ins Gespräch vertieft sind. Noch weiter rechts ist das Blatt einer Bananenstaude oder einer Kokospalme zu sehen. Links im Vordergrund steht ein Baum, der wie ein *Ateje* aussieht. Ganz hinten, jedoch in der Bildmitte, sieht man einen Wachtposten.

Obwohl er sehr krank war, brachten sie ihn nicht auf einem Wagen zum Schafott, sondern auf einem Esel sitzend. Sie mußten ihm herunterhelfen, und er war so ausgemergelt, daß man in ihm kaum noch den schneidigen Komponisten des Marsches erkannte, der ein Vierteljahrhundert später die Nationalhymne werden sollte. Fast schleppten sie ihn vor die Mauer.

ER WAR EIN ZUM REVOLUTIONÄR GEWORDENER DICHTER
und nahm an mehreren Landungsversuchen teil, die durch
Schiffbruch scheiterten. In der Überzeugung, man müsse
Frieden schließen und nicht Krieg führen, kehrte er mit
einem Freibrief des Generalgouverneurs auf die Insel zurück. Doch als er in das Hauptquartier der Aufständischen
kam, sagte er davon kein Wort. »Er hat keinerlei Schritte
unternommen«, bemerkte später der Rebellenführer.

Als er in die Stadt zurückkehrte, wurde er trotz des Frei-
briefs gefangengesetzt und in den Kerker einer Festung
gesperrt. Er war mehrere Monate im Gefängnis und wurde
von den Patrioten im stillen des Verrats und vom Feind in
aller Öffentlichkeit des Aufruhrs beschuldigt.

In seinem Kerker schrieb er diese Verse:

> *Such nicht in ruhelosem Fluge*
> *mein dunkles und geheimes Grab,*
> *sieht denn, o Schwalbe, nicht dein Auge,*
> *daß an des Dichters Ruhestätte*
> *steht weder Trauerweide noch Zypresse.*

Schließlich erschossen sie ihn am Lorbeergraben, der eigentlich nur ein trockener Burggraben war.

DIE TRUPPEN NANNTEN IHREN ANFÜHRER MAJOR, eher
aus Respekt vor seinem Charakter als zum Zeichen seines
Ranges. Eines Tages machte der Major fast ohne Beglei-
tung einen Erkundungsritt durch das Gelände, als ihn ein
Schuß niederstreckte. Es herrschte sogleich große Verwirrung unter seinen Männern, die versuchten, seinen Leichnam zu bergen. Aber das feindliche Feuer wurde stärker,
und sie mußten die Suche aufgeben.

Später fand der Feind fast durch Zufall seine Leiche im Gras
der Savanne. Als sie ihn durchsuchten, wurde ihnen klar,
daß es sich um den Major handelte, und so schafften sie die
Leiche schnell in die Provinzhauptstadt, wo sie einge-
äschert und die Asche in alle Winde verstreut wurde. Dies
alles taten sie in solcher Eile, daß man den Eindruck hatte,
sie fürchteten, selbst seine Asche könne sich noch erhe-
ben.

Sie waren nicht einmal zwei Dutzend, waren nicht bewaffnet: Ihnen stand nur das Überraschungsmoment und ihr Mut zu Gebote. Sie trugen Stöcke und Steine bei sich und die Gefäße zum Trinken oder für den Wasservorrat, vielleicht auch ein Gewehr. Natürlich nahmen sie die Kaserne nicht ein. Aber der Angriff brachte der Truppe Verluste bei, und sie erbeuteten einige Gewehre und reichlich Munition.

Das Fort wurde eine Woche später von der Invasionskolonne eingenommen, und droben, auf der Hochebene, lagen immer noch die toten Pferde und Rebellen und die toten Soldaten, deren Kameraden sich nicht aus der Kaserne trauten, um sie zu beerdigen. Da war auch noch ein verwundeter Rebell, der mit matten, überhasteten Worten von dem Überfall berichtete. Der Oberst wollte es nicht glauben, aber er sah die Toten und die Tiere, die in der Sonne verwesten, und die Blechkrüge, die Lärm gemacht und in der Nacht geglänzt hatten und so leichte Waffen wie Bajonette und Macheten nachgeahmt hatten. Dann sprach er zu seinen Männern und sagte, er habe Mutige, Tollkühne und sogar Verrückte im Krieg erlebt, aber diese Märtyrer (und er zeigte auf die Toten) und die Helden, die bei dem Überfall mit dem Leben davongekommen seien, sie seien die Tapfersten unter den Tapferen. Dann reichte ihm jemand einen der von einer Kugel durchbohrten Krüge, und der Oberst schob mit dem Arm den Hut zurück, so daß er nach hinten fiel, und Haarmähne und Bart ließen sein Gesicht zwar nicht genau erkennen, doch in seiner Stimme waren Rührung und Hochachtung zu spüren, als er das Gefäß betrachtete und sagte: »Und ich habe so etwas immer Troß am Bein genannt!«

DER GENERAL WAR MIT SEHR WENIGEN MÄNNERN IM FELDLAGER, als er vom Feind überrascht wurde. Da man ihn aufforderte, sich zu ergeben, beschloß er, lieber Selbstmord zu begehen, und schoß sich ins Kinn. Die Kugel durchschlug Mund und Nase und trat an der Stirn wieder aus, wo sich dann mit der Zeit eine sternförmige Narbe bildete.

Als man der Mutter des Generals mitteilte, er habe sich ergeben, erwiderte sie, das sei nicht ihr Sohn. Als man ihr erklärte, vor der Gefangennahme durch den Feind habe er sich eine Kugel in den Kopf gejagt, sagte sie: »Ah, dann ist es doch mein Sohn!«

»DIE POSTSTATIONEN waren in regelmäßigen Abständen eingerichtet, und die Postillone waren immer bereit, unverzüglich mit jeder Meldung loszureiten.« Diese Beschreibung bezieht sich nicht auf den Pony Express, sondern auf die Post der Rebellen.

DER NEFFE REDETE ÜBER SEINEN TOTEN ONKEL, als redete er über einen mythischen Helden. Es stimmt allerdings, daß sein Onkel schon zu Lebzeiten eine Legende war. Aber manchmal hatte man den Eindruck, daß er übertrieb. Wie jetzt. Schaunse, sagte er, sie ham ihn tatsächlich ins Bein getroffen und übern Haufen geschossen, und er is nich ohnmächtig geworn und nichts, Mann, schaunse, und er hats ausgehalten und ist mit seim Fuß weitergegangen. Natürlich isser nur noch drei Schritt weit gekommen und dann an Ort und Stelle umgefallen. Sie ham ihn ins Knie getroffen, schaunse, hier, in den Knochen da, wie heißt er denn noch, und da hat sich einer übern andern geschoben, so, Mann, sagte er und kreuzte die Arme vor der Brust, schaunse, und der wollte einfach nicht mehr runter. Dann sindwer hingegangen und ham ihn zuner Hütte getragen. Die Hütte is viel höher wie der Baum da drüben, also ham-wer ihn am Dachbalken aufgehängt, schaunse, aber er is immer noch mit den Füßen aufn Boden gekommen, Mann, so lang war er, schaunse. Also geh ich hin und steig hoch und häng ihn untern Armen auf, da untern Achseln, und mach ihn da oben gut fest an dem Balken, so hoch oben, dasses eim vom Runtergucken schon übel geworn is, und dann geh ich hin und steig runter, schaunse, und häng mich ihm an die Beine, so, Mann, pack ihn am einen Fuß und dann am andern und laß mich runterhängen, so, so richtig fest, Mann, mit aller Kraft, und da ist der Knochen wieder an sein Platz zurück. Und mein Onkel, schaunse, der hat kein Pieps von sich gegeben und auch nicht die Besinnung verlorn und nichts dergleichen, weil ich hab nämlich gesehn, wie er geschwitzt hat, und ich glaub, daß er auch gesehn hat, wie ich geschwitzt hab, weils da drin vielleicht heiß war, war ja alles dicht. Und was meinense, was er sagt, mein Onkel, wie der Knochen wieder an seim

41

Platz is und er noch da droben am Balken hängt. Also schaunse, er sagt, Junge, seht zu, daß ihr mich langsam wieder hier runterholt, ich riech ja schon nach Christus, genau das hat er gesagt, Mann, und er hat bei Gott wien Gekreuzigter ausgesehn, wie er so da droben gehangen hat, und weil ers Blaue vom Himmel runtergeflucht hat und wir gesehn ham, dasser langsam in Fahrt kommt, sindwer hingegangen und ham ihn aufm schnellsten Weg runtergeholt, schaunse, so, sagte er und schaute in die Runde, und da er einige lachen sah, sagte er noch: Bei meiner Mutter, Gotthabsieselig, das is die Wahrheit, die reine Wahrheit, sagte er. Hier sind Leute, die wissens ganz genau, weilse damals auch dabei warn, sagte er. Die Gruppe lachte erneut, und da steht der Oberst vor der Karbidlampe auf und sagt mit der Pfeife im Mund, auf dem Mundstück oder den Wörtern herumkauend: Alles sehr wahr, was er da sagt. So war sein Onkel, sagte er. Ein ganzer Mann, sagte er, und da hörte das Lachen auf.

In Kuba wurden die Konzentrationslager erfunden, und zwar schon 1896 vom damaligen spanischen Generalgouverneur. Nach der *Encyclopaedia Britannica* »schickte die Madrider Regierung General Valeriano Weyler als Kommandeur der spanischen Truppen nach Kuba. Als Teil seiner Anstrengungen zur Befriedung des Landes setzte General Weyler seine Konzentrationspolitik ins Werk.« Es gab einen Regierungserlaß auf der Insel, durch den angeordnet wurde: »Alle Einwohner, die auf dem Lande oder außerhalb der befestigten Siedlungen leben, haben sich *binnen acht Tagen* in den von Truppen besetzten Ortschaften zu konzentrieren. Jede Person, die nach Ablauf dieser Frist in unbesiedeltem Gebiet aufgegriffen wird, wird als Aufständischer betrachtet und als solcher abgeurteilt werden.« Die *Reconcentrados*, wie die Gefangenen genannt wurden, »starben zu Tausenden«. Die meisten waren arme Bauern, Frauen und Kinder.

Stacheldraht wurde in den Vereinigten Staaten erfunden, wo man ihn »Hakendraht« nennt. Bis zu diesem Jahrhundert war er nur für Viehzäune verwendet worden. Die Briten führten den Stacheldraht in Südafrika während des Burenkriegs einer scheußlicheren Verwendung zu. Das Zeitalter der Stacheldrahtlager hatte begonnen. Der Rest ist, wie man so schön sagt, Geschichte. Die *Britannica* bemerkt: »Die Maschinen zur Herstellung von Stacheldraht sind im Prinzip alle gleich.«

Das Feldtagebuch des fast kahlköpfigen kleinen Mannes mit dem großen Schnurrbart verzeichnet nicht, was bei der Zusammenkunft geschah, die er und der Generalmajor mit dem stämmigen schwarzen General hatten. Es ist viel darüber gerätselt worden, und man hat sogar behauptet, der schwarze General habe den kleinen Mann mit dem großen Schnurrbart bei einer Diskussion darüber, ob der Aufstand unter militärischem oder zivilem Oberbefehl stehen solle, geohrfeigt. Fest steht jedenfalls, daß nach dem Krieg barmherzige Hände die Seiten des Tagebuchs, auf denen von der Zusammenkunft die Rede war, herausgerissen und damit dazu beigetragen haben, die Zusammenkunft zum historischen Klatsch zu machen.

Sicher ist, daß nach der Zusammenkunft der kleine Mann mit dem großen Schnurrbart zum Präsidenten der Republik in Waffen gewählt und als solcher von der kleinen Heerschar bejubelt wurde.

Bei dieser Gelegenheit wurde der schwarze General gefragt, warum der Generalmajor die Invasion mit so wenigen Leuten beginnen wolle, und er antwortete: »Er hat ein großes Heer dabei: seine Strategie.«

Wenige Tage später stießen der kleine Mann mit dem großen Schnurrbart, den jetzt alle Präsident nannten, und der Generalmajor mit einer feindlichen Kolonne zusammen. Niemand weiß, wie sich der Zwischenfall zutrug. Manche sagen, der Präsident sei von feindlichen Kräften eingekreist worden und habe versucht, die Umzingelung zu durchbrechen. Andere sagen, der Präsident sei direkt auf den Feind zugeritten. Wieder andere reden von einem durchgegangenen Pferd. Fest steht nur, daß er von einem Schuß in den Kopf getroffen wurde und sehr nahe bei den feindlichen Truppen vom Pferd fiel und daß sein Leichnam nie geborgen werden konnte. Nachdem ihn die Feinde erkannt hatten, brachten sie ihn auf einem Maultier wie eine Siegestrophäe fort. Zuerst begruben sie ihn auf freiem Feld. Aber dann exhumierten sie den Leichnam und balsamierten ihn ein, um ihn zur Bestattung in die Stadt zu bringen. Mit der Zeit wurde dieser Leichnam zu einer enormen Last für das Land. Nachdem er zum Märtyrer gemacht worden war, wuchs und wuchs der kleine Mann, bis man schließlich die Last nicht mehr tragen konnte, und alle beriefen sich auf seinen Namen und redeten von einem großen Toten – obwohl er, als man ihn begrub, kaum fünf Fuß fünf Zoll maß.

DER STAUB DER STRASSE (es ist Juli und regnet nicht, und die Gegend ist eine große Puderdose, wo der geringste Luftzug Wolken weißer oder roter oder schwarzer Erde aufwirbelt, die die Wege ausradieren, die Häuser tarnen und die Bäume mit einer ungesunden Farbe versehen) ließ seinen Bart grau erscheinen. Doch bevor er mit seinem ausholenden, schnellen, martialischen Schritt losging, wußten alle, noch bevor er vom Pferd gestiegen war, daß es der General war. Er fragte ohne Gruß nach dem anderen General, der unter seinem Befehl stand.

Er kam weder zur Inspektion noch, um eine Offensive zu planen, ja nicht einmal, um Ansichten über die nächste Operation auszutauschen. Bestenfalls würden sie (nachdem sie sich über Kampfhähne und Pferde und Frauen unterhalten hätten – und in dieser Reihenfolge, denn beide sind Guajiros –, nach der Süßspeise und dem Kaffee, schon gegen Abend) über den Stand des Krieges im allgemeinen oder den Zustand des Landes reden oder darauf wetten, wie viele Tage der Regierung noch verbleiben würden. Er kam zum Mittagessen, war eingeladen, eine ganze Kuh zu verspeisen. 'n Geschenk vom Haciendabesitzer, hatte der andere General lächelnd gesagt, als er ihn eingeladen hatte. Macht uns immer Geschenkchen, sieht ganz so aus, als wär er auch'n Rebell.

Es war spät geworden, weil er unterwegs einen Bogen um die feindlichen Posten hatte machen müssen, und jetzt war es bereits zwei Uhr nachmittags. Der Hauptmann sagte ihm, er könne den anderen General unten am Fluß finden. Wose die Kuh am Brutzeln sind (sagte er etwas unbeholfen), und er ging zum mit Bambus und Malanga und wilder Kresse bewachsenen Ufer hinunter und sah eine Gruppe an einem Loch, in dem es noch brannte. Der General hat Ihres, General, sagte einer zu ihm, da drüben unter der Tamarinde (und zeigte dorthin). Er hat schon 'ne ganze Weile aufse gewartet, fing er an zu sprechen und verstummte, als er den Blick des Generals sah.

Er ging gemächlich am Ufer entlang: erfreute sich an der frischen Luft, war dem Fluß dankbar dafür, daß er sein Bett vor der Sonne und dem Staub bewahrt hatte, während die Bäche der Gegend schon ausgetrocknet waren, sagte laut: Danke, Fluß, nahm den Hut ab und ging zum Wasser, machte sich Gesicht und Bart und Haar naß, sagte erneut danke, ließ seinen nassen Kopf, seine lange Mähne triefen.

Der andere General saß gemütlich unter der Tamarinde. Er war bereits beim Essen und machte seinem Ruf alle Ehre, indem er ein riesiges Stück Kuh verschlang, und der General spielte den Überraschten, ein bißchen jedenfalls. Mann, du ißt das alles ganz allein, sagte er, und der andere General, den Mund voll Fleisch, an Kinn und Händen und Armen Fettrinnsale, in den Augen unbändige Freude, antwortete durch das Essen hindurch: I wo, alter Junge, mit viel Bataten, mit viel Bataten. Sie lachten beide, und der andere General zeigte ihm sein Stück Fleisch, das ebenfalls groß war und mit Gemüsebananen und Bataten dabei auf einem Palmblatt lag. Der General setzte sich ins Gras und begann hungrig, gierig zu essen, freute sich über das erste Fleisch seit zwei Monaten. Der andere General ging zum Fluß und holte zwei braune, mit Naturkork zugestöpselte Flaschen aus dem Wasser. Er zeigte sie von weitem, hielt in jeder Hand eine hoch, wie zwei Forellen. Was für ein Luxus, Junge, sagte der General. Das Glas war angelaufen, und sie tranken direkt aus der Flasche das kühle Getränk, während sie aßen und redeten und lachten. Es sah aus wie ein Picknick.

ABER ES WAR KEIN PICKNICK. Die Kundschafter meldeten, daß die Kolonne schon in Sicht war. Man mußte angreifen oder aber weichen, weil sie eine Nachhut zurückgelassen hatten. Der General beschloß anzugreifen. Die Vorhut hatte Feindkontakt, es kam zu einem Schußwechsel. Die Kugeln pfiffen über die Rebellen hinweg, und ihr Klang zeigte das Kaliber an – und wann man den Kopf heben konnte.

So wurde an die zehn Minuten hin und her geschossen, und der General, des Stillstands überdrüssig, befahl vorzu-rücken. Er richtete sich auf und ging bis zum Straßenrand vor. Es war ein Feldweg, eher ein Pfad, und auf der anderen Seite, in der Kurve, lag hinter einem Erdwall verborgen der Feind. Er gab das Zeichen zum Angriff und setzte sich wie immer an die Spitze der Kolonne.

Als sie ihn fallen sahen, glaubten alle, er sei am Bein ge-troffen worden, aber der Oberst ging zu ihm und sah, daß der General am Kopf und am Hals verwundet war. Auch der Oberst wurde getroffen. Zwei Rebellen gingen hin und zogen beide vom Wegrand fort. Der Arzt kam auf allen vieren durch das Gras gekrochen. Der Oberst hatte einen Streifschuß an der Hüfte abbekommen. Die Verletzungen des Generals waren tödlich. Der Arzt zog eine Kugel aus der Kopfhaut und sagte zum dritten Befehlshaber, es sei nichts zu machen. Er zeigte auf einen grauen Schleim, der dem Verwundeten über das Gesicht rann. Auslaufende Ge-hirnmasse, sagte er. Er liegt im Sterben.

Mit neun Mann Verlusten traten sie einen geordneten Rückzug an. Der Oberst, der jetzt einen Verband trug, übernahm das Kommando über die Truppe und befahl, die Toten zu begraben. Dann rief er den Hauptmann zu sich und sagte ihm etwas ins Ohr. Sie ließen zur Sicherung eine Nachhut zurück und setzten den Rückzug fort.

Der Bestattungstrupp marschierte auf drei Dagamebäume zu, die an einem nahen Bach zu sehen waren, doch der Oberst übernahm es selbst, den Rebellengeneral und einen Gefreiten auf der anderen Seite des Hügels zu bestatten. An einer erkennbaren Stelle, sagte er, aber ohne die Gräber zu kennzeichnen. Als der Trupp fort war, maß er zwanzig Schritt zwischen den Bäumen ab. Es waren noch zwei Offiziere bei ihm, und er befahl ihnen zu graben. Er durchsuchte den General, nahm ihm Papiere, Photos und Geld ab und steckte alles ein, auch die goldene Uhr mitsamt Kette. Aus seiner eigenen Brieftasche nahm er eine silberne Münze, ein Amulett, und steckte sie dem Toten in eine Tasche seiner Feldjacke. Er half, den Leichnam zu bestatten, und als er bemerkte, daß die Erde auf dem Grab zu frisch aussah, warfen sie Gras und trockenes Laub und Zweige darauf. Bevor sie zurückkehrten, ließ er die Offiziere schwören, sie wüßten nicht, wo der General begraben sei, sie hätten es vergessen und würden sich erst nach Kriegsende wieder daran erinnern. Sein Identifikationsmerkmal ist ein Silberpeso auf dem Skelett, sagte er zu ihnen.

Kriegsblitz hiess der General bei Freund und Feind. Wenn er einen seiner berühmten Kavallerieangriffe führte, Macheten, tödlicher als jedes Schwert, war er immer in der vordersten Linie. Vor der Schlacht pflegte er überlebensgroß vom hohen Roß herab seinen Reitern zuzurufen: »Wer ist vor mir da?« Er war im zehnjährigen Krieg, noch bevor er dreißig war, zum General gemacht worden, und jetzt war er Dreisternegeneral, praktisch Oberkommandierender. Jedenfalls dachten alle, er sei der Anführer. Er war die Tapferkeit in Person und hatte dadurch die uneingeschränkte Verehrung seiner Männer gewonnen. Sie hatten ihm sogar den Spitznamen »Bronzetitan« gegeben. (Später wurde das Reiterstandbild, das man ihm in Havanna errichtete, in einer augenscheinlichen Tautologie aus Bronze gemacht.) Es gehörte zu den allgemein bekannten Tatsachen des Krieges, daß er zweiundzwanzig Schußwunden überlebt hatte, doch er prahlte nie damit. Er war praktisch unbezwingbar, und der Feind wußte das. Niemand konnte genau sagen, ob der Mann selbst oder seine Machete mehr gefürchtet wurde.

Seine größte Tat war jedoch, daß er der revolutionären Junta einen Brief schrieb, der zu seinem politischen Testament wurde. »Ich habe das Gefühl«, schrieb er, »daß mich die Mehrheit der Menschen auf dieser Insel gerne als gewählten Präsidenten sähe, sobald die Unabhängigkeit errungen ist. Ich würde dies niemals zulassen, und zwar aus Gründen, die ich nicht in meinem Kopf, sondern in meinem Herzen bewahren muß.« Bei den Gründen, auf die er anspielte, handelte es sich allein darum, daß der General schwarz war. Er beendete seinen Brief mit einer persönlichen Bemerkung, die aus seiner Feder wie ein Schnörkel wirkte: »Ich würde jetzt lieber von einer Auslandsreise mit meinen Männern träumen, um dem Vaterland jeden Konflikt zu ersparen, wenn die Freiheit kommt.« Die Reise, an die er dachte, war ein alter Wunsch von ihm: Der schwarze General wollte vor seinem Tod Paris sehen. Mehr als einmal hatte er seine kriegsmüden Offiziere aufgemuntert, indem er ihnen alles über ein Paris erzählte, das er nie besucht hatte. Er nannte die Stadt immer ganz liebevoll *la Ville lumière*.

DER ALTE GENERAL MIT DEM STERN AUF DER STIRN saß in seiner Hängematte unter einer Guásima und einem Johannisbrotbaum und diktierte einen Brief. Er berichtete dem Delegierten in New York vom Krieg, und am Ende äußerte er sich über die Tatenlosigkeit, zu der die Truppe gezwungen war, nachdem man den Feind in die Flucht geschlagen hatte und fast die gesamte Provinz unter dem Kommando der Aufständischen stand: »Wir sind so richtig vollgefressene Majás geworden«, diktierte er, »und wenn das so weitergeht, komme ich rüber, um an Ihrer Seite zu kämpfen, denn am Broadway ist es bestimmt gefährlicher als hier.« Der Adjutant, der den Brief aufnahm, fragte, wie man denn Broadway schreibe.

DER SCHWARZE GENERAL bekam Paris nie zu Gesicht. Bei einem kurzen Gefecht, das eher ein Geplänkel war, wurde er tödlich verwundet. Er hatte sich gerade zu seinem Adjutanten umgewandt und gesagt: »Das läuft ja gut!«, als ihn eine Kugel vom Pferd warf.

Der Feind bemerkte die Verwirrung, die in den Reihen der Mambises entstand, ohne allerdings zu wissen warum, und verstärkte das Feuer auf die in Aufruhr geratene Flanke, wobei er mehrere der Rebellen, die den Leichnam zu bergen suchten, tötete oder verletzte.

Auf dem Rückzug durchkämmten die feindlichen Kräfte die Umgebung, bis sie die Leiche des schwarzen Generals fanden. Sie durchsuchten und leerten seine Taschen, wie sie es immer taten, ohne zu merken, wen sie da getötet hatten.

Am Abend dann, als die Sonne unterging, konnte ein Trupp von Rebellen den halbnackten Leichnam bergen. Neben ihm war auch sein Adjutant gefallen, der nicht nur zufällig ein Sohn des Oberkommandierenden war.

EIN REBELL SCHREIT: »Sie haben den General getötet!«, und die Truppe läßt den Mut sinken. Ein Leutnant tötet den Rebellen durch einen Schuß in den Rücken und richtet sich auf: »Der General ist nicht tot!« schreit er auf Teufel komm raus. »Der Oberkommandierende lebt!« Die Rebellen formieren sich wieder, stoßen gegen den Feind vor und gewinnen die Schlacht, als sie schon verloren schien.

Bevor sie die Feindseligkeiten eröffneten, schickten die Amerikaner eine Botschaft an den General mit dem Stern auf der Stirn, der sich verpflichtet hatte, die Invasion zu unterstützen.

Am Tag vor der Landung traf sich der General mit dem Stern auf der Stirn mit zwei amerikanischen Generälen, und sie vereinbarten, wie der gemeinsame Feind zu bekämpfen sei.

Die kubanischen Truppen wurden auf nordamerikanischen Kriegsschiffen an Ort und Stelle gebracht, um an der ersten und einzigen Schlacht der Invasoren teilzunehmen. »Schon am Tag der Landung«, sagt ein gegnerischer Historiker, »war ihr (der Stadt) die Versorgung mit landwirtschaftlichen Gütern aus dem Hinterland entzogen, so daß bald großer Hunger herrschte; die Verbindungswege waren abgeschnitten; Wälder, Einfallstraßen und Anhöhen, alles war von Kubanern besetzt.«

Schließlich ergab sich die Stadt nach einer kurzen, fast lächerlichen Seeschlacht dem Feind, der in diesem Fall der Freund war.

DER ALTE GENERALMAJOR hatte den Spitznamen ›Der Chinese‹, weil er so undurchschaubar war. Als er in die Hauptstadt einzog, trug er die rechte Hand in einer Schlinge, verrenkt oder, wie ein zukünftiger Präsident einmal sagen sollte, »an Popularität erkrankt«. So oft war diese Hand von einem Ende der Insel zum anderen geschüttelt worden, daß er schließlich vorsichtig wurde, wenn vor ihm eine Hand gehandhabt wurde. Es war für ihn eine neue Feindeswaffe in Freundeshand.

Der Einzug in die Hauptstadt war eine wahre Apotheose, überall scharten sich Menschenmassen um den alten Generalmajor, der nicht mehr aus dem Staunen herauskam und meinte: »Caramba, wenn wir so viele Truppen wie Bewunderer gehabt hätten, dann hätten wir die Spanier mit dem Hut verscheucht«, und er fügte hinzu: »Allein mit dem Hut, caray!«

Es ist ein strahlender Tag. Droben leuchtet hell die Sonne, und die klare Luft läßt die Fahne flattern, die soeben zum erstenmal gehißt worden ist. Auf der Esplanade sind Botschafter und Gesandte versammelt. Auch der neu eingesetzte Präsident ist da. Außerdem Generäle und Obristen, alle um den Fahnenmast versammelt. Man hat gerade erst die Flagge mit den Sternen und Streifen eingeholt, und die Flagge mit dem einen Stern weht frei in der Luft. Es ist nicht nur ein strahlender, sondern auch ein verheißungsvoller Tag – doch das ist auf der Photographie nicht zu sehen.

NACH DER UNABHÄNGIGKEIT erhob sich der General mit dem legendären Namen (bekannt für seine Art und Weise, Guerrilleros zu fangen, zu verhören und dann zu liquidieren, indem er sie fragte, »Wie heißense« und, nachdem der Befragte geantwortet hatte, ein unheilverkündendes »Hamse gehießen« hinzufügte) gegen die Regierung, und es kam zu einem Kriegchen, das nur ein paar Tage dauerte. Doch ihn kostete es das Leben. Man fand ihn im Morgengrauen, als er noch schlief, und schlug ihm mit einem einzigen Machetenhieb den Kopf ab, der dann in die Hauptstadt geschickt wurde. Jahre später wurde ihm in einem Park der Hauptstadt ein groteskes Standbild errichtet. Diesmal hatte er den Kopf auf den Schultern.

Es kam zu einer Meuterei schwarzer Soldaten, an-
geführt von einem schwarzen Politiker und einem ebenfalls
schwarzen Veteranen des Unabhängigkeitskriegs. Es war
eine der kleineren Revolten, aber doch nicht so klein, daß
sie nicht in die Geschichtsbücher eingegangen wäre. Mit
gedämpfter Stimme wird immer noch davon gesprochen.
Jedenfalls wurden die Rädelsführer gefaßt und auf der
Stelle erschossen. In dem kurzen Krieg waren mehr als
dreitausend Menschen umgekommen, sie alle, wie es ein
Historiker ausdrückt, »von der farbigen Rasse«.

DIE ARBEITER AUS HAITI UND JAMAIKA schickten eine Delegation, die mit dem Haciendabesitzer sprechen sollte. Sie hatten beschlossen, den Streik abzubrechen, wenn sie die Lohnerhöhung bekämen. Alles schien bestens zu klappen, und der Haciendabesitzer schlug vor, zur Erinnerung an die Übereinkunft ein Gruppenphoto zu machen. Die Abgeordneten der Haitianer und Jamaikaner stellten sich in einer Reihe vor dem mit einem schwarzen Tuch abgedeckten Apparat auf. Der Haciendabesitzer verließ die Gruppe, um seinem Vorarbeiter eine Anweisung zu geben. Der Vorarbeiter enthüllte den Apparat und mähte in aller Ruhe mit dem Maschinengewehr die gesamte Abordnung nieder. Seitens der Zuckerrohrschneider gab es bei dieser Ernte und bei vielen weiteren keine Klagen mehr.

Die Geschichte kann wahr oder falsch sein. Aber die Zeiten haben sie glaubhaft gemacht.

DER GENERAL FRAGTE, WIE SPÄT ES SEI, und ein Adjutant kam schnell herbei und flüsterte ihm zu: »So spät, wie Sie wünschen, Herr Präsident.«

Das erste Auto fuhr bis zu der kleinen Brücke voraus, wendete und blieb stehen, so daß das zweite Auto – das größer und langsamer war – ebenfalls anhalten mußte. Ein drittes Auto tauchte zwischen den Bäumen auf, und in jedem Fenster kamen Waffen zum Vorschein. Eine abgesägte Schrotflinte nahm das große Auto unter Streufeuer. Es wurden noch weitere Schüsse abgegeben, und während sich der schwarze Fahrer des großen Autos auf den Boden warf, sank der Fahrgast im Fond unter Zuckungen zusammen. Erst dann wendete das erste Auto endgültig und nahm nun seinerseits das große Auto unter Beschuß, während es auf der Gegenfahrbahn an ihm vorbeifuhr. Die beiden angreifenden Autos entfernten sich in gemächlichem Tempo.

SIE GRUBEN EINEN TUNNEL, der unter der Straße hindurch von dem kleinen Haus bis zum Friedhof führte. Dann gruben sie weiter bis zu dem privaten Mausoleum – denn es war eher ein Mausoleum als ein Grab –, bahnten sich einen Weg durch Gebeine und verrottete Särge. Sie gruben ohne Unterlaß, um noch vor der Beerdigung bis zu dem privaten Mausoleum zu gelangen. Sie gruben weiter durch Schlamm und Verwesung, und es heißt, einer der Gräber habe den Verstand verloren. Sie gruben weiter bis nach dem Attentat, und an dem Tag, an dem die Beerdigung des großen Toten stattfinden sollte, brachten sie die Dynamitladungen an und zogen die Drähte durch den Tunnel bis zu dem Haus. Zur für die Beerdigung anberaumten Stunde waren sie fertig, doch die Beerdigung fand nicht statt, und alles – das Attentat, der Tunnel, das Dynamit – war umsonst gewesen, denn die Familie des großen Toten hatte beschlossen, ihn in seiner Geburtsstadt zu begraben und nicht im Familienmausoleum. Sie konnten zwar das Dynamit wieder herausholen, aber es war unmöglich, den Tunnel wieder aufzufüllen, und so ließen sie die verlegten Drähte zurück, die wenige Tage danach von einem Totengräber entdeckt wurden, als er ein Grab schaufelte.

DER SCHWARZE AUF DEM PHOTO ist ein kubanischer Dandy. Das Photo wurde circa 1932 von einem berühmten amerikanischen Photographen in Alt-Havanna aufgenommen, und der Dandy in Weiß könnte ein *Sbirro* sein. Jedenfalls hat er sich mordsmäßig in Staat geworfen. Er trägt einen dreiteiligen weißen Leinenanzug, dazu ein makellos weißes Hemd, eine schwarze Krawatte mit schmalem Knoten und ein Anstandstüchlein. Neben ihm stehen zwei weiße Kubaner in schäbigen dunklen Anzügen, und er scheint ganz beiläufig ihre Unterhaltung mitzuhören. Die beiden Männer sind mittleren Alters und tragen Hornbrillen, aber der Schwarze hat durchdringende schwarze Augen. Ganz offensichtlich braucht er keine Brille. Der Schwarze in Weiß scheint jedenfalls nicht zu den Weißen zu gehören. Eigentlich scheint er zu niemandem zu gehören. Er steht allein und abseits in der Nähe einer volkstümlichen Bodega. Eines haben die drei Männer allerdings gemeinsam: sie tragen alle weiße Strohhüte. Kreissägen waren zu dieser Zeit in Kuba der letzte Schrei. Aber der Strohhut steht dem Schwarzen besser. Das gilt für alle Hüte.

Der Schwarze in Weiß könnte durchaus ein *Porrista* sein, einer dieser Schläger, die für die *Porra*, die politische Polizei des Diktators, arbeiteten. Aber wenn er ein *Porrista* ist, dann wenigstens ein eleganter. Zur Vervollständigung seiner Ausstattung trägt er sehr glänzende schwarze Schuhe, so glänzend und so schwarz, daß sie wie Lacklederschuhe aussehen. In Wirklichkeit sind seine Schuhe gerade von dem Schuhputzer geputzt worden, den wir im nahen Hintergrund sehen können. Es handelt sich um einen versehrten Mulatten, der vor seinem thronähnlichen, jetzt leeren Schuhputzstuhl zu knien scheint. Der Schuhputzer hat einen Stelzfuß, den man aus seinem linken Hosenbein ragen sieht: Das Holzbein glänzt wie ein Schuh. Hinter dem Schuhputzer sitzt ein blonder Junge auf den Stufen des riesigen Stuhls. Er ist Zeitungsverkäufer und führt offenbar ein Selbstgespräch mit dem einbeinigen Schuhputzer, der eine Zeitung liest.

Im Hintergrund, aber mehr zur Mitte hin, ist auch ein Zeitungskiosk. Viele Zeitschriften und Zeitungen hängen, mit Wäscheklammern befestigt, an den Gestellen. Es sind sowohl amerikanische als auch kubanische Zeitschriften, aber die Zeitungen sind durchweg einheimische. Die meistverkaufte Zeitung war das Sprachrohr der Regierung, doch als der Diktator floh, wurde ihr Verlagsgebäude von einer aufgebrachten Menschenmenge in Brand gesteckt. Es hängen viele Exemplare der damals beliebtesten Wochenzeitschrift aus. In dieser Ausgabe würde man, wenn man sie kaufen könnte, einen Artikel, fast einen Leitartikel, finden, in dem dargelegt wird, daß der Diktator ein großer Kubaner und ein bedeutender Mann ist, der sich uneingeschränkt für die Eintracht unter allen Kubanern einsetzt. Ein paar Ausgaben später wird derselbe Leitartikel den gestürzten Diktator als nun ins Exil gegangenen Tyrannen verurteilen und statt dessen die Bürgertugenden des neuen starken Mannes rühmen, der zweifellos ein großer Kubaner ist.

Doch bisher ist dies alles noch nicht geschehen. Momentan ist durch die Photographie alles in der Zeit fixiert, und der Augenblick scheint ewig. Der gefährliche Dandy wird weiterhin ein wachsames Auge auf den unsichtbaren Photographen haben, schwarz auf weiß, für immer.

Sie versteckten sich in einem Haus in der Calle Esperanza. Das sieht nach einer Ironie des Schicksals aus, wie man so schön sagt, aber es ist so. Sie sagten zu dem Mann, der ihnen die Tür öffnete: »Bitte, Señor, verstecken Sie uns, wir werden von der Tyrannei verfolgt.« Auch das ist wahr: Genau das sagten sie. Wie sie aus diesem furchtbaren, damals aber sehr persönlichen Moment eine Verallgemeinerung, fast einen abstrakten Gedanken machten, wie sie das taten, weiß man nicht, aber man weiß, daß sie es taten. Sie versteckten sich in einem Haus in der Calle Esperanza, und die Polizei kam, und man trieb sie auf die Straße hinaus und brachte sie in der Nähe des Marktes um. Aber das war erst später. Was jetzt interessiert, was wirklich anrührt, ist zu wissen, daß diese drei halbnackten Jungen (einer von ihnen war barfuß), als man sie verfolgte, sagten: »*Wir werden von der Tyrannei verfolgt*«, und nicht: »Wir werden von der Polizei oder von der Armee verfolgt.« Nein, sie sagten genau das, sie würden von der Tyrannei verfolgt, und das machte sie zu Helden.

Sollte man nicht annehmen, daß es, wenn es eine dichterische Intuition gibt, auch eine historische Intuition geben muß?

Zwei andere versteckten sich in einem Vorort. Es war noch sehr früh, aber irgendein Anwohner hatte sie gesehen, oder sie hatten zuerst in einem anderen Haus um Einlaß gebeten. Jedenfalls begannen sie, die Häuser zu durchsuchen, und jemand sagte ihnen, dort drüben (zeigend) hätten sich Leute versteckt. Sie suchten und fanden nichts. Als sie schon gehen wollten, versicherte man ihnen auf der Straße, es stimme, man habe Leute hineingehen sehen, man wisse zwar nicht, ob es die von dem Überfall gewesen seien oder nicht, aber man habe sie gesehen. Sie gingen in das Haus zurück und erwischten einen, als er im Hof gerade aus einem Wassertank stieg. Er war die ganze Zeit da drin gewesen. Zwei Soldaten zwangen ihn, wieder hineinzusteigen. Sie hielten ihn mit vorgehaltener Waffe unter Wasser, und jedes Mal, wenn er herauskam, zwangen sie ihn, erneut unterzutauchen. Wenn der Kopf durch den Selbsterhaltungstrieb oder einen Reflex oder die Gesetzmäßigkeiten der Hydraulik nach oben kam, stießen sie ihn mit den Gewehrkolben wieder hinunter. Bis er ertrank, sie ihn herausholten und in den Hof warfen, als hätten sie ihn gerade gefischt: ein unbrauchbarer Fisch.

Der andere hatte sich in der Dachkehle versteckt, aber jetzt sahen sie ihn. Sie riefen ihm zu, er solle herunterkommen: Er rannte über die Ziegel die Kehlrinne hinauf, duckte sich, als er den First überquerte, hörte die Haltrufe nicht oder wollte sie nicht hören, rannte nur noch schneller, vielleicht beschleunigt durch das jetzt stärkere Gefälle der Dachfläche, kam zur Traufe, blieb stehen, setzte einen Fuß auf die Regenrinne, spürte, daß sie nachgab, sah, daß auf der anderen Seite nur die Hausecke und die Straße waren, rannte wieder Richtung Hof, rannte schwerfällig und mühsam dachaufwärts, als einer der Soldaten sagte: Lassen Sie nur Sergeant nicht mehr rufen ich hol Ihnen den schon runter,

als der Sergeant den Soldaten streng anschaute und sagte:
Ich will nicht daß da einer raufgeht, als der Soldat sagte:
Ich hab gesagt ich hol ihn runter und nicht daß ich raufgeh,
als der Sergeant schwieg, rannte immer noch nach oben, als
der Soldat das Gewehr an die Wange riß und schoß.

Sie war gerade im Hof beim Waschen, als man ihr die Nachricht brachte. Sie sagte nichts, weinte nicht, zeigte keine Gefühlsregung. Stimmt das auch? fragte sie nur. Der Mann, derjenige, der gesprochen hatte, denn sie waren zu dritt gekommen, nickte mit dem Kopf und erklärte. Im Radio war sein Name zusammen mit dem anderer gefallener Genossen genannt worden. Er hatte seinen Hut in der Hand und schlug sich jetzt mit der Krempe ans Bein. Wir wußten schon, daß die offizielle Meldung falsch war, sagte er. Das mit dem Gefecht und daß sie bei dem Schußwechsel umgekommen wären, ist natürlich eine faustdicke Lüge. Man hat uns von anderer Seite erzählt, wie es passiert ist. Sie haben sie geschnappt und in die Kaserne mitgenommen und dort umgebracht, sagte er. Und danach haben sie sich das mit dem Feuergefecht ausgedacht. Sie schaute die Männer an und sagte nichts. Sie war so um die vierzig, vielleicht jünger, sah aber wie eine alte Frau aus. Sie trug ein abgewetztes Kleid mit violetten Blümchen und hatte das Haar zu einem Knoten hochgesteckt. Ihre Augen waren von einem sehr blassen Gelbgrün, und es sah so aus, als wäre ihr das Mittagslicht unangenehm. In der Stille hörte man den Wind durch die Bäume des Hofes streichen, und eine Henne gackerte. Sie entschuldigen mich, sagte sie, aber ich muß weiterwaschen.

Sie beendete ihre Arbeit und ging ins Haus und machte sich Kaffee. Sie trank ihn im Stehen an der Tür und schaute zu, wie die Luft zwischen den Bettlaken sichtbar wurde.

DIE MENGE GING AUF DIE STRASSE, um den Sturz des Diktators zu feiern. Aber es war ein falscher Alarm. Die Demonstranten, die zum Präsidentenpalast marschierten, wurden von den Feuerstößen eines am Eingang des Palastes postierten Maschinengewehrs gestoppt. Viele konnten sich hinter dem Brunnen in der Mitte des Parks verstecken. Andere gingen hinter den Bäumen in Deckung. Wieder andere machten kehrt und versuchten davonzulaufen. Unter diesen gab es die meisten Toten, weil sie von den Maschinengewehrgarben getroffen wurden. Manche sagen, die falsche Nachricht von seiner Flucht habe der Tyrann selbst in Umlauf gesetzt, wenige Tage, bevor er tatsächlich abdanken mußte.

DAS PHOTO IST VON EINER SONDERBAREN SYMBOLKRAFT.
Es zeigt das Ende einer Militärdiktatur an und glorifiziert
gleichzeitig einen Soldaten. Alle Linien des Photos laufen
auf den Soldaten zu, der auf einer Löwenstatue am Anfang
einer Promenade der Hauptstadt steht. Der Soldat steht
aufrecht, hält in der rechten Hand das Gewehr empor, während er die linke Hand nach der Seite ausstreckt, vielleicht
um das Gleichgewicht zu halten. Er hat seinen Kopf stolz
hochgereckt, feiert den Augenblick des Sieges, der anscheinend kollektiver Natur ist.
Am äußersten linken Rand des Photos hat einer der Demonstranten seinen Strohhut abgenommen und grüßt hinauf, zu dem Soldaten. Rechts in der Mitte reißt sich ein
anderer Demonstrant von bescheidener Herkunft (er ist in
Hemdsärmeln) die Mütze vom Kopf und läßt den Soldaten
hochleben. Alle drei sind von einer kleinen Menschenmenge umgeben, die, wie es scheint, wegen des Sieges ihrer
Sache in helle Begeisterung geraten ist.
Hinter dem Soldaten sieht man schmiedeeiserne Balkone
und Fenster mit weit geöffneten französischen Klappläden.
Noch weiter hinten, an der Straßenecke, ist die Reklame
einer Fluggesellschaft, auf englisch. Das Photo ist überall
abgedruckt worden, als Zeugnis seiner Epoche – oder vielmehr seines Augenblicks.

EINER DER BEIDEN BURSCHEN, die die Schwingtür der Bar aufstießen, war gerade sechzehn Jahre alt. Der andere war so schlank und zerbrechlich, daß der 45er Colt in seinen Händen wie eine Maschinenpistole aussah. Beide gingen zur Theke. »Gehen Sie zur Seite, meine Herren«, sagte der ältere der beiden Burschen, »es geht nur um den da«, sagte er und zeigte auf einen Polizeileutnant, der ruhig am einen Ende der Theke stand und trank. Die Gäste traten zur Seite, und der Leutnant hatte gerade noch Zeit, das Glas abzustellen, als ihn auch schon die Kugeln trafen. Er fiel tödlich getroffen zu Boden, und sie gaben ihm einen Gnadenschuß in die Stirn. Dann verließen beide heimlich, still und leise die Bar. Pech für die jungen Killer war, daß der Leutnant einer mit ihnen rivalisierenden Bande angehörte. Da sie auf eigene Faust gehandelt hatten und der Chef ihrer Gruppe Repressalien fürchtete, lieferte er sie, anstatt sie aufzunehmen und zu verstecken, dem Chef der rivalisierenden Bande aus. Am nächsten Tag wurden der Junge, der kaum sechzehn Jahre alt war, und der andere, so schlanke und zerbrechliche Junge erschossen am kleinen See im Country Club aufgefunden.

SIE BESCHLOSSEN, SICH ZU ERGEBEN, als ihnen die Munition ausging. Im Garten, neben der Bougainvilleahecke, lag ein Toter. Sie konnten im Vorbeigehen nicht erkennen, wer es war, weil er auf dem Gesicht lag. Er trug einen gelben Pullover, und der Mann, der vom Portal zum Weg hinunterging, fragte sich, wer heute einen gelben Pullover angehabt hatte. Jenseits des Torgitters auf dem Bürgersteig konnte er einen weiteren toten Zivilisten erkennen. Aber er versuchte nicht zu erraten, wer es sein könnte, denn er dachte nicht mehr an die Toten, sondern an die Panzer und die Soldaten und die Polizisten da draußen. Wie die anderen war er unbewaffnet: Das war die Bedingung gewesen, die sie über Lautsprecher gestellt hatten. »Ihr seid umzingelt! Werft eure Waffen weg und kommt mit den Händen auf dem Kopf heraus«, hatten sie immer wieder gesagt. Jetzt sah er, wie der erste Mann mit dem verletzten Kind auf dem Arm durch das Tor auf die Straße hinausging und verhaftet wurde. Er und die schwangere Frau gingen unter dem eisernen Schild mit der Aufschrift Villa Carmita hindurch, und da er dachte, sie sei ausgerutscht und drohe hinzufallen, wollte er ihr helfen. Er kam nicht dazu. Die beiden fielen zusammen hin, weil sie die erste Salve umwarf. Noch auf dem Boden versuchte er die Frau, die schon tot war, aufzurichten, als auf seiner weißen Guayabera mehrere rote Flecken sichtbar wurden und er durch den Aufprall gegen die Mauer geworfen wurde. Er war tot, aber die Kugeln schlugen immer noch in seinen Körper. Eine der Säulen im Garten schälte sich, und Sand und Ziegelstücke spritzten herum.

Es handelt sich um eine Taktik, die in den dreißiger Jahren in Chicago erfunden, hier aber noch verbessert wurde. Zuerst kommt ein Wagen und beschießt das betreffende Haus. Die Bewohner oder Besitzer kommen, nachdem sie sich von ihrem Schreck erholt haben, wütend auf die Straße und beginnen hinter dem davonrasenden Wagen herzuschießen. Genau in diesem Augenblick kommt in vollem Tempo ein zweiter Wagen, eröffnet das Feuer auf die Feinde und verwundet oder tötet eine ganze Reihe von ihnen. Jetzt wurde diese Technik auf sehr unorthodoxe Weise angewandt. Der Mann, der sterben sollte, unterhielt sich in der Vorhalle des Kinos mit einem Freund, wie manche sagen, während andere sagen, dieser Freund sei ein Lockvogel gewesen. Wie dem auch sei, jedenfalls fuhr mit Vollgas ein Wagen vorbei und nahm wahl- und ziellos den Kinoeingang unter Feuer. Der Mann, der sterben sollte, konnte sich hinter einem geparkten Auto verstecken. Als die Schießerei zu Ende war, kam er aus seinem Versteck, und bevor er die Vorhalle wieder erreicht hatte, trafen ihn die Kugeln, die diesmal von zwei Fußgängern abgefeuert wurden. Die beiden Schützen gingen schnell, aber in aller Ruhe davon. Der Freund (oder Lockvogel) war die ganze Zeit unter einem Auto liegengeblieben. Der Mann, der sterben sollte, starb, wie es ein Schriftsteller beschrieben hat, mit nur fünfunddreißig Cents in der Tasche.

Es war neun Uhr abends, und der Senator trank in seinem Stammcafé gerade einen Milchkaffee und aß Toast dazu. In diesem Augenblick kamen zwei Männer herein, zogen zwei riesige Pistolen und schossen auf den Senator. Schuldig oder nicht schuldig, jedenfalls aß der Senator Brot, als sie ihn töteten und seinen weißen Leinenanzug mit vergossenem Blut und Milchkaffee bekleckerten.

Es begann zu regnen, als die Kundgebung am Capitolio Nacional vorbeizog. Im Laufschritt kam ein Adjutant mit einem Regenschirm herbei. Er spannte ihn auf. »Herr Präsident, Sie werden ja naß.« Der Präsident zeichnete eine anmutige Geste in die Luft und schlug den Regenschirm aus: »Das macht nichts, mein Freund. Das ist kubanisches Wasser, was da herunterfällt.«

DER GENERAL WAR ZWEIMAL PRÄSIDENT GEWESEN und ist jetzt Zivilist, doch ihn verzehrt das heftige Verlangen, wieder Präsident zu werden. Hat er eine Lebensphilosophie? Vielleicht eine politische Weltanschauung? Oder glaubt er sogar an die Demokratie? Nichts dergleichen. Aber er liebte die Macht mehr, als er je eine Frau geliebt hatte. Macht war seine Triebkraft. Er sehnte sich nach Macht, er litt unter Machtgelüsten. Für nur einen weiteren Augenblick der Macht hätte er seine Seele dem Teufel verkauft (was er sich gerade zu tun anschickt). Um sie zu erlangen, willigte er sogar ein, bei den nächsten Wahlen Kandidat zu sein, einfach nur einer unter mehreren Kandidaten. Es ist jetzt März, und er hatte gelernt, was die Iden des März bedeuten. Mit einem Wortspiel im Spanischen sagte er, er könne nicht zulassen, daß die *Idus* zu *idos* werden: für immer vorbei. Er hatte gerade zwei sich ergänzende Nachrichten erhalten, wie Sinus und Cosinus seiner Zukunft. Zuerst die schlechte Nachricht: Er schnitt als Schlechtester bei einer Umfrage ab, bei der nur die eine Frage gestellt wurde: Wer sollte nach Ihrer Meinung unser nächster Präsident werden? Er würde nie wieder zum Präsidenten gewählt werden. Und nun die gute Nachricht: Einige Offiziere der Armee waren bereit, einen Staatsstreich zu inszenieren, und sie alle wollten ihn wie früher schon zum Führer haben. Seine erste Reaktion war ablehnend: Sie waren alle viel zu jung, um dabei Erfolg zu haben. Dann erinnerte er sich, daß er bei seinem ersten Staatsstreich sogar noch jünger gewesen war. Er erbat sich etwas Zeit, um ihr Angebot zu überdenken. Unter seinem Kissen hatte er immer eine Walther-Pistole, für alle Fälle. Als er sich im Bett herumwälzte, stieß er unversehens auf seine Pistole. Er streichelte sie: eine eiserne Waffe für einen eisernen Willen. Am nächsten Morgen sagte er zu ihnen, geht in Ord-

nung, oder etwas in der Art. Sie waren alle bereit zu einem
Staatsstreich, der die folgenschwerste Tat seines Lebens
und eine Untat gegen das Volk werden sollte. Er war bereit.
Er nahm seine Walther mit.

Es war eine Entscheidung im Morgengrauen, pflegte er zu
sagen und merkte nicht, wie abgedroschen dieser Satz war.
Er war nicht populär, aber er war ein gewöhnlicher
Mensch. Nachdem der Mechanismus des Staatsstreichs,
den er sehr gut kannte, in Gang gesetzt war, gab es kein
Zurück mehr, daher die Pistole. Er sollte allein und unbewaffnet in das Militärlager gehen, das größte in ganz
Mittelamerika. Nachdem er sich der Wache an Tor 5 zu
erkennen gegeben hätte, sollte er sich zum Hauptquartier
begeben, das er ebenfalls gut kannte, da er es selbst gebaut
hatte. Dort sollte er alle Offiziere antreffen, die seinen Ge-
neralstab bilden würden. Doch im letzten Moment behielt
er, da er ein falsches Spiel witterte, seine Walther bei sich
und beschloß, sich durch Tor 6 Zutritt zum Militärlager zu
verschaffen. Der Wachtposten an Tor 6 hatte ihn nicht er-
wartet. Tatsächlich kannte er ihn überhaupt nicht und war
sehr vorsichtig. Der General, der drauf und dran war, wieder *der* General oder eine Leiche zu werden, befahl dem
zögernden Wachtposten, Haltung anzunehmen. Der Posten wußte wirklich nicht, was er tun sollte: ob er diesen
Irren hineinlassen, festnehmen oder einfach umlegen
sollte. Der Eindringling spürte die Pistole in der Seiten-
tasche seiner Jacke. Er erwog, den Posten auf der Stelle zu
erschießen, doch er fürchtete den Lärm und die Aufregung
und, was noch schlimmer war, eine Gewalttat zu begehen,
wo er doch als Friedensbringer präsentiert werden
sollte.

Die beiden Männer standen sich so am frühen Morgen
reglos gegenüber. Dann rief der General, wie schon mehrmals zuvor in seinem Leben, die alten kubanischen India-
nergeister an: Er klopfte an die Pforte aller toten Indianer,

die unsterblich waren. Dann stimmte er ein feierliches Gebet für den Frieden unter allen Kubanern an. Er dachte schon, er hätte ewig gebetet, obwohl es nur ein paar Sekunden waren. Plötzlich war da ein helles Licht, das nur er, der Mann, sehen konnte: ein Licht, das nicht vom Sonnenaufgang herrührte, denn der war im März erst später. Oder von dem Lager in einiger Entfernung oder von den Scheinwerfern eines Wagens oder von einem Laternenpfahl an der Straße. Es war ein wundersames Licht – es war ein Glorienschein, aber er kannte dieses Wort nicht, denn er war ein Ignorant. Es war ein Halo, ein Nimbus, eine Aureole. Aber er wußte, was es war: Es war das Licht von Yara. Yara, heute weiter nichts als ein Dorf, war jahrhundertelang das religiöse Zentrum aller – toten oder lebendigen – kubanischen Indianer gewesen. Er hielt sich für einen Abkömmling der weisen Arawaken, und es gefiel ihm ganz besonders, wenn man ihn *El Indio* oder Indianerhäuptling nannte. Nun hüllte ihn das Licht von Yara erneut in seinen Glanz: Der General war nahe daran, wieder *der* General zu werden. Das Licht von Yara umflutete ihn: Er war ein Unsterblicher geworden. Der Wachtposten ließ ihn in die Geschichte eingehen. Wenngleich der General es damals Ewigkeit nannte.

Das war wortwörtlich seine Version des *coup d'état*, der eigentlich zum *coup de grâce* wurde. Er hatte in der Tat der Republik den Todesstoß versetzt – ohne einen einzigen Schuß abzugeben.

Der ehrgeizige General ist von Militärs umgeben, aber er selbst trägt Zivil. Das ist sein dritter Staatsstreich in zwanzig Jahren, und man sieht ihm an, daß er seine Macht genießt. Der General, der Symbole mag, hat eine Lederjacke an: dieselbe, die er zu ähnlichen Gelegenheiten auch früher schon getragen hat. Später wird er beschwören, daß er in der Jackentasche eine Pistole mit einer »Kugel im Lauf« bei sich hatte – um zu töten oder zu sterben, wenn der Staatsstreich scheitern sollte. Doch er riskierte recht wenig, nachdem der Armeechef in Unterhosen und aus dem Schlaf heraus dingfest gemacht war. Der General steht in der Mitte, die Bildunterschrift lautet: »Das ist der Mann!« Dieses *Ecce homo* ist schmeichlerisch gemeint. Der lächelnde, in Zivil gekleidete General denkt vielleicht an die historischen Kräfte, die er gerade entfesselt hat, aber man sieht es ihm nicht an. Um ihn herum stehen Obristen und Hauptleute, die sehr bald, in ein paar Stunden, Generäle und Brigadiers sein werden. Diese stürmische Beförderung wird die Insel zweiteilen. Aber den Männern auf dem Photo scheint das egal zu sein.

DER MANN (es war ein langer Mulatte mit langen, schmalen Händen und derart langen Beinen, daß er, wenn er sich aufrichtete, wie einer aussah, mit dem man nicht auf schlechtem Fuß stehen möchte: Er schien sich zu entrollen, aufzufalten wie ein Akkordeon aus Knochen, sich in der Luft von selbst zusammenzufügen, die endlosen Glieder zu ordnen, die schmale und schmächtige und ebenfalls lange Brust herauszustrecken und schließlich sein Gleichgewicht zu finden, nicht nur einfach aufzustehen, und jetzt hatte er einen weißen oder gelben, jedenfalls blaßfarbenen Strohhut auf, den er mit seitlich hochgebogener Krempe trug, so wie ihn in der Stadt die Schwarzen tragen, die nicht an die Sonne glauben, sein Gesicht war knochig und hager und auch undurchdringlich, nicht wegen der dunklen Brille, die er aufhatte, sondern aus sich heraus, hermetisch, außer wenn er lachte und einen oder zwei Goldzähne zeigte, denn sein Lachen war seine eigentliche Kommunikation, sein Lachen und die Gitarre, die in diesen großen Händen, in diesen Armen einer gottlosen Gottesanbeterin wie eine Geige aussah, wie eine Mandoline, eine Bandurria: Er hielt sie quer vor die Brust, gelb vor dem weißen Unterhemd, das unter dem schwarz und weiß gestreiften Hemd zu sehen war, blütenrein, sorgfältig zugeknöpft, von der großen goldenen Medaille der Barmherzigen Jungfrau geziert, das Hemd offen in der Absicht, das makellose Innere zu zeigen, wie weiße Zähne auf der Brust, und das doppelte goldene Bildnis) lachte, während er ich weiß nicht was spielte, Longina oder Santa Cecilia oder Auf dem traurigen Pfad meines Lebens oder so etwas, und zwar so, daß sich die Noten in die Länge zogen, zum Intervall wurden, wie in einem endlosen Melisma, in einem begrenzten Triller innehielten und sich über die Palmen und die blühenden Wunderblumen hinaus verbreiteten, über die pflanzliche Feuersbrunst

der Flamboyants, die sich im Sonnenuntergang wiederholte, in dem kosmischen Feuer, das explodierte, sich wieder zusammenfügte und hinter den hohen violetten,
blauen, schwarzen Hügeln erneut aufbarst – in einem un-
glaublichen und einzigartigen und kostenlosen Schauspiel,
das niemanden interessierte.

Das Leben mein Freund ist wie diese tote Kuh, sagte er, als
er zu spielen aufgehört hatte und mit seinen gekreuzten
Händen die Gitarre zudeckte. Sehnse sich die tote Kuh an:
Keiner kann Ihnen das wieder rückgängig machen, sagte er
zu dem Jungen, oder den Dschipp 'nen Rückzieher machen
lassen oder die Uhr von der Post hier zurückstellen, weil
nix davon die Kuh retten wird. Also geht am besten jeder
seines Wegs: die Kuh ins Schlachthaus, daß der Schlachter
fertigmachen kann, was ihr angefangen habt, sagte er und
schaute dabei zu dem Jungen hinüber, der ein einfacher
Rekrut war, aber auch zu dem Gefreiten und dem anderen
Soldaten, die im Jeep gesessen hatten und ausgestiegen waren, weil der Junge, der Fahrer, darauf bestanden hatte, sich
wegen der überfahrenen Kuh zu entschuldigen, ihr dahin,
wo ihr so eilig hingewollt habt, die Leute hier wieder heim,
das weitermachen, wasse vorher gemacht ham, der da,
sagte er und schaute sich zu dem betrübten Bauern um, der
hinter ihm stand, der kann wieder in sein grad jetzt in der
toten Zeit noch größeres Elend zurück, und ich spiel halt
weiter, bis mich und meine Gitarre annem schönen Tag
ganz lautlos das unsichtbare Auto erwischt . . . Oder bis dir
eins von den Liedchen oder eine von deinen Predigten
wiene Kartoffel ohne Soße im Hals stecken bleibt und du
dran erstickst, haste gehört, sagte der Gefreite und starrte
ihn an. Kann schon sein Gefreiter, sagte der Schwarze.
Kann schon sein. 's is, wie ich gesagt hab: im Leben is alles
möglich. Der Gefreite stampfte krachend mit seinem Stiefel
auf den Holzfußboden im Laden-Postbüro-Bürgermeister-
amt-Gasthaus-Club-und-Veteranenzentrum des Dorfes

und fuchtelte dem Musiker mit dem gekrümmten Zeige-
finger vor dem Gesicht herum. Hör mal zu, was ich dir jetzt
sag, sagte er, du Scheißneger. Einfach nur Neger, sagte der
Schwarze. Nein, nix Neger, Scheißneger, sagte der Gefreite drohend. Wie Sie wollen Gefreiter; Sie sind das
Gesetz und das Wort Gottes und der Gefreite, sagte der
Schwarze und rührte dabei keinen Finger von der Gitarre,
machte weder einen Schritt vor noch zurück, schaute nur
unablässig den Gefreiten, die drei Soldaten an. Also gut,
sagte der Gefreite, du bist ein Scheißneger und ein Groß-
maul und bei uns bist du schon vorgemerkt. Und jetzt zieh
Leine mit deinem Geklimper. Wennwer zurückkommen,
will ich dich hier nicht mehr sehn. Laß dir das geraten sein.
Denk an die Kuh. Ich vergeß die Kuh bestimmt nich Gefreiter, sagte der Schwarze. Danke für den guten Rat.
Nimms dir zu Herzen Mann, sagte der andere Soldat. Denk
an die Kuh, wiederholte der Gefreite und fuchtelte mit seinem Finger herum. Gehn wir Gefreiter, sagte der Junge,
der Fahrer, der Rekrut, sonst erwischt uns die Nacht noch
auf der Landstraße. Was? Haste etwa Angst? Nein Gefreiter, Angst nicht, aber wir ham kein Licht: die Kuh hat die
Scheinwerfer zertrümmert. Die Kuh? Nicht die Kuh, du
bist mit *ihr* zusammengestoßen. Ich hab nur Ihre Befehle
ausgeführt Gefreiter, sagte der Junge. Ja, ich hab dir gesagt, du sollst schnell fahren, aber nicht daß du einen Zu-
sammenstoß bauen sollst, sagte der Gefreite kategorisch
und wandte sich wieder dem Schwarzen zu: Denk dran:
Wenn wir zurückkommen, will ich von dir oder deiner Gitarre oder deinem Gesinge oder Geschwätz nichts sehen,
haste verstanden. Der Schwarze sagte: Wie Sie befehlen
Gefreiter.
Sie machten sich auf den Weg. Als der Jeep noch nicht
abgefahren war, nachdem sie ihn noch einmal inspiziert
hatten, und unter der Gleichgültigkeit derer, die vor der
Tür standen und nur die drei Soldaten anschauten, bereits

die Sonne versank, ließ der Schwarze wie zufällig eine Hand über die Saiten gleiten, was wie ein Akkord klang, aber eher der Schlußpunkt des Zwischenfalls war – und als sie dann tatsächlich davonfuhren, als sie die schützende Kurve nahmen und das letzte Haus des Dorfes hinter sich ließen, da spielte der Schwarze wieder und sang wieder und lachte wieder, so wie er gespielt, gesungen, gelacht hatte, bevor die Soldaten kamen, als sie die Kuh totfuhren, als sie vom Aufprall oder der Überraschung noch ganz benommen aus dem Jeep stiegen, als sie auf das Haus, auf die Gruppe zukamen, als sie nach dem Besitzer fragten und auf seine Musik und sein Lachen und seinen Spott stießen, der ganz ohne Zweifel auch nach dem letzten Soldaten noch da sein würde, nach dem letzten toten Tier (oder Menschen) und nach dem letzten Jeep, der in Eile oder in Angst oder in beidem zugleich hier vorbeikäme.

Er sang María Bonita, mit der Musik von Agustín Lara und dem Text des Gefreiten:

> *Denk an die Kuh,*
> *María Bonita, mein Schatz,*
> *Vergiß nicht ihre Augen,*
> *So voller Schlaf und Ruh...*

In der Nacht davor, so gegen zwei, kam derjenige, der ihr Anführer zu sein schien, herein und sagte ihnen, sie würden eine Kaserne überfallen. Welche Kaserne, sagte er ihnen nicht. Er sagte, alle, die damit nicht einverstanden seien, brauchten bei dem Angriff nicht mitzumachen. Man würde dann nur von ihnen verlangen, nach dem Abrücken der Gruppe noch zwei Stunden hier auf dem Gut zu bleiben. Das sei eine Sicherheitsmaßnahme, sowohl für die, die mitgingen, als auch für die, die nicht mitgingen. Einer der Männer ergriff das Wort. Er sei mit dem Überfall nicht einverstanden. Er wisse noch nicht einmal, warum er hier sei. Er habe nur ein paar Freunde zum Karneval begleitet. Er glaube, daß der Angriff fehlschlagen müsse. Aber, fügte er hinzu, ich geh trotzdem mit. Zwei weitere beschlossen, nicht mitzugehen. Es ist schon seltsam: Der Mann, der mitging, ohne einverstanden zu sein, kämpfte, tat sich hervor und wurde verwundet, kam aber mit dem Leben davon, und von den sieben, die im Haus zurückgeblieben waren, überlebte kein einziger. Die Polizei, die Armee, die Geheimpolizei oder was auch immer entdeckte den Ort und umstellte das Wohngebäude, und dann rief man ihnen über ein Megaphon zu, sie sollten herauskommen und sich ergeben. Als sie herauskamen, wurden sie einer nach dem anderen umgebracht.

Im Volksmund gibt es einen Spruch, der lautet: Hat ein Schwarzer graue Haare / denkt er noch längst nicht an die Bahre. Dieser Schwarze, dieser Mann war alt, aber er ging leichtfüßig und ohne Angst die Straße hinunter, obwohl nicht weit entfernt noch vereinzelt Schüsse zu hören waren und ab und zu eine Maschinengewehrgarbe, klar, deutlich, abgehoben von den gewohnten Geräuschen des Morgengrauens: krähende Hähne, in den Bäumen zwitschernde Vögel, ein Fenster, das geöffnet wird und dessen Flügel gegen das Eisengitter schlägt. Er ging mit dem Brot unter dem Arm die Caridad hinauf und grüßte einen Vorübergehenden. Er bog in die Espinosa ein, und als er die Ecke Sebastián Castro und Saldaña erreichte, hörte er den Motor. Er sah, wie über der Hügelkuppe zuerst die noch eingeschalteten Scheinwerfer des Jeeps und dann die ganze Karosserie auftauchte, und er sah auch die Soldaten. Der Jeep fuhr vorbei, er ging weiter. Dann hörte er, daß hinter ihm jemand seinen Namen rief. Er drehte sich um, und die Kugeln trafen ihn in Brust, Hals und Kopf.

Natürlich kannten sie ihn; jeder in der Stadt kannte ihn: Er war seit Jahren Revolutionär und war im Gefängnis gewesen und schon oft dem Tod entronnen. Doch diesmal nicht. Er war schon seit einer Woche krank, und da er allein lebte, mußte er hinaus, um sich etwas zum Frühstück zu kaufen. Alle kannten ihn, und er lag, neben sich das Brot in der Blutlache, bis zum Mittag oder noch länger tot auf der Straße. Als Exempel, wie es scheint, oder eher als Symbol für die Zeit, in der er sterben mußte – und die, wie die aller Menschen, eine schlechte Zeit zum Leben war.

Das einzig Lebendige ist die Hand. Zumindest sieht die Hand, die sich auf die Mauer stützt, lebendig aus. Der Arm ist nicht zu sehen, und vielleicht ist die Hand ebenfalls tot. Vielleicht ist es die Hand eines Augenzeugen, und der Fleck auf der Mauer ist sein Schatten neben weiteren Schatten. Unten, einen halben Meter darunter, ist der von der Julisonne verbrannte Rasen. Es sind lichte Stellen im Gras, von Fußspuren oder Lehm- oder Zementpfaden. Jetzt erscheinen diese Pfade gebleicht, leuchten vom Licht. Ein Gegenstand im Vordergrund – eine Granate, die Hülse eines großkalibrigen Artilleriegeschosses, eine Filmkamera? – ist ganz schwarz, wie ein Loch im Photo. Neben dem Pfad, auf dem Rasen, stehen vier, nein: fünf Särge, einfache Kisten aus Kiefernholz. (Es sieht so aus, als wären es sechs, aber dieser letzte Sarg ist der Schatten der Mauer). Eine der Kisten ist halb geöffnet, und daneben liegt ein Toter, und auf die am nächsten stehende Kiste hat der Tote, der ebenfalls draußen liegt, einen Arm gelegt, als wollte er sie für sich beanspruchen. Die Kiste, die man am besten erkennen kann, die auf der rechten Seite, ist zugenagelt und reisefertig. In der Mitte des Hofes liegt ein einzelner Toter, der keinen Sarg hat, aber darauf wartet; sein Körper ist zu einer grotesken Haltung verkrümmt, und man hat ihm einen Mülleimer über den Kopf gestülpt, was ein Akt des Mitleids oder des Spotts sein kann. Im Hintergrund stehen ein paar Bäume, die einen dunklen Schatten werfen. Oben links verschmilzt ein schmiedeeiserner Haken mit den schwarzen Bäumen und sieht wie ein Zeichen aus. Es ist nur eine Verzierung an der Mauer oder an einem Balkon der Kaserne.

ALLES, WAS VON IHM ÜBRIG IST, ist das Photo und die Erinnerung.

Auf dem Photo sitzt er auf dem Boden und schaut den Photographen an, wie er wohl auch den Tod anschauen wird, ganz gelassen. Er ist verletzt, denn man sieht das Blut, das am rechten Bein herabläuft, und einen großen dunklen Fleck auf dem Schenkel, die Wunde – und es ist kein Hornstoß. Also läuft auch niemand herbei, um den Torero in die Krankenstation zu bringen. Das hier ist kein Stierkampf, und der mit maurischen Kacheln gefliest Fußboden gehört nicht zur Kapelle einer Provinzarena. Es ist eine Kaserne, zur Karnevalszeit, am Sonntag. Der Verletzte hat kein Torerokostüm angelegt, denn er ist kein Stierkämpfer und wollte auch nicht als Matador posieren. Er wollte der Tyrannei ein Ende setzen und hatte sich am frühen Morgen als Soldat verkleidet und war mit neunzig weiteren jungen Männern hergekommen, um die Kaserne zu überfallen. Jetzt ist der Angriff gescheitert, und er liegt da auf dem Fußboden des Wachlokals und wartet auf sein Verhör. Er hat keine Angst und spürt keine Schmerzen, aber er brüstet sich auch nicht damit und denkt nicht einmal an Schmerzen oder Angst: Er bewältigt das Ende mit derselben Geradheit, mit der er den Anfang bewältigt hat – und wartet.

Die Erinnerung weiß, daß sie ihn Sekunden später gewaltsam auf die Beine brachten, nachdem sie ihm mit einer Ohrfeige die Zigarette aus dem Mund geschlagen und ihn beschimpft hatten. Die Zigarette hatte ihm der Photograph gegeben, derselbe, der naiverweise glaubte, ihn durch das Photo retten zu können. Sie stellten ihm schreiend Fragen, und er antwortete ruhig, er wisse nichts und könne nichts sagen: Ihr seid doch die Obrigkeit, nicht ich. Es heißt, nur ein einziges Mal habe er versucht, mit der Hand an die

Wunde zu gelangen, aber er schaffte es nicht, und obwohl er keine Miene verzog, sah man, daß es höllisch weh tat. Später trieben sie ihn mit Kolbenhieben hinaus, und als er die drei Stufen zum Hof hinunterhumpelte, verpaßten sie ihm einen Genickschuß. Seine Hände waren noch zusammengebunden, so wie auf dem Photo.

MAN ZWANG SIE, IM GEFÄNGNISHOF ANZUTRETEN. Es waren fünf oder sechs, alles politische Häftlinge. Es war der 24. Dezember, und ein nächtliches Verhör bei der Kälte und im Freien ist für keinen Heilige Nacht. Um das Gefängnis war alles schwarz, und man hörte den Wind in Böen über das Dach pfeifen. Zwei Scheinwerfer strahlten sie an. Soldaten, und nicht die gewohnten Wärter, bewachten sie. Der Verhörende, der die Uniform eines Obersten trug, fragte etwas, zuerst mit leiser Stimme, und dann beschimpfte er sie brüllend und minutenlang, erschöpfte seinen ganzen Vulgärwortschatz, wiederholte die Schimpfwörter noch einmal und fing dann von vorne an, indem er alles wieder ganz leise sagte, wie im Plauderton.

Danach setzte ein Leutnant, der die ganze Zeit im Dunkeln blieb, einem nach dem anderen seine Pistole hinter das Ohr. Der Oberst brüllte jedesmal: Wollt ihr jetzt wohl reden, verdammt nochmal, wollt ihr jetzt wohl reden!, und zwischen dem Ende seines Gebrülls und dem Schuß hörte man die Stille oder den Wind.

Sie waren seit Tagen in Haft, und keiner konnte die Fragen zu einem Attentat beantworten, das erst an diesem Morgen verübt worden war. Dachte die letzte Geisel vor dem Sterben, es sei ein Traum?

WIE VIELE KUBANER machte er gerne Witze über sexuelle Aberrationen, und seine Spezialität war die perfekte Nachahmung eines Päderasten. Er war ein kleiner, schlanker Mulatte, kämmte sich mit dem heißen Kamm und ließ eine Tolle in die Stirn hängen. Am Anfang, als er zu der Gruppe stieß, gaben sie ihm einen einschlägigen Spitznamen; aber später bewies er soviel Mut und Geistesgegenwart und Kühnheit, daß er sich seinen Beinamen selbst aussuchen konnte. Früher war er wohl einmal Rumbero gewesen, denn er tanzte sehr gut Columbia, aber jetzt war er Terrorist und wurde sogar Hauptverantwortlicher für Aktion und Sabotage auf Provinzebene, ein Posten, den nicht gerade jeder beanspruchen konnte. Politischer Terrorismus ist, wie man so schön sagt, kein Kinderspiel. Und wenn es ein Spiel ist, dann muß es dem Russischen Roulette sehr ähnlich sein.

Eine der Lieblingsmethoden dieses Terroristen war, die Zündschnur der im Gürtel steckenden Dynamitpatrone unter dem Sakko mit einer Zigarette anzustecken und dann die Patrone innen durch das Hosenbein gleiten zu lassen, während er ruhig dahinschlenderte. Kurz nachdem er diese Methode bis zur ausgefeilten Technik perfektioniert hatte, schnappten sie ihn.

Während er, mit Handschellen an einen Polizisten gefesselt, die Treppe zur Polizeiwache hinaufging, überlegte er, wie er der Folter entgehen könnte, und da fiel ihm ein Trick ein. Vielleicht klappte das ja. Er trug wie immer Jeans, das Hemd darüber und weiße Turnschuhe, und den Rest der Stufen nahm er in unbekümmerter Fröhlichkeit, fast beschwingt und mit den Hüften wackelnd. Als er hineinkam, strich er sich mit der freien Hand das Haar glatt und formte gleichzeitig seine Stirnlocke. Die Polizisten schauten ihn verwundert an. Als ihn der wachhabende Sergeant nach seinen Personalien fragte, intonierte er einen falschen Namen und eine falsche Adresse und einen ebenfalls falschen Beruf: Außenausstatter. Die ihn verhaftet hatten, bestanden darauf, ihn als gefährlich einzustufen, und der Sergeant musterte ihn erneut von Kopf bis Fuß. Diese Einstufung bedeutete, daß er dem Revierchef vorzuführen war. Die Polizisten versicherten, er sei der Kopf einer Terrororganisation, und da sie sich nicht davon abbringen ließen, kam der Chef heraus. Als er die Tür und die schneidigen Schritte hörte und die ehrfürchtige Aufmerksamkeit sah, mit der alle grüßten, drehte er sich mit einer Gebärde, die Nijinsky anmutig gefunden hätte, um und trat nur auf seinen Hüftschwung bauend seiner Nemesis und der Leibwache mit einem fast erotischen Lächeln entgegen. Es war ein Oberst, der seine Karriere zur selben Zeit begonnen hatte wie der Terrorist, nur in eine andere Richtung. Die beiden Männer schauten sich an, und der Terrorist senkte demütig seine langen Wimpern. Der Oberst lachte schallend und brüllte dann in das allgemeine Gelächter hinein: Ja Himmelarsch, wie oft soll ich euch denn noch sagen, daß ihr mir die Schwulen in Ruhe lassen sollt. Niemand protestierte, wer sollte auch? Sie nahmen ihm die Handschellen ab, und er bedankte sich mit einem blumigen, schmachtenden Säuseln und machte sich davon.

Aber die Geschichte hat noch ein anderes Ende. Zwei, drei Monate später schnappten sie ihn erneut, diesmal mit einem Auto voller Waffen. Der Oberst wollte ihn selbst verhören, und als er ihn begrüßte, erinnerte er ihn an die vorangegangene Unterredung. Nach einer Woche fand man ihn in einem Straßengraben. Sie hatten ihm die Zunge herausgeschnitten und in den Anus gesteckt.

DIE SIERRA IST KEINE LANDSCHAFT, sie ist ein Schauplatz. Bevor man sie erreicht, ist da die Savanne mit ihrer gelben und roten Erde, reißenden Flüssen oder ausgetrockneten Bächen oder unüberschaubaren Weiden oder verdorrtem gelbem Gras oder großen Staubwolken, je nach Jahreszeit und Wetter. Und dann sind da die Zuckermühlen, die Landgüter, die Viehfarmen: Zuckerrohr und Obstbäume und Rinder zu Tausenden. Auf der anderen Seite (zweihundert Kilometer weiter) ist das Meer, mit Wellen, die aus Felsen Kieselsteine formen oder abstrakte Korallenstatuen oder schmale Strände, und die Berge, die (manchmal einfach nur durch eine Flut) jäh im Ozean versinken. Oder da sind die Mangroven, das Sumpfland: die Mündungsniederung mit ihrem Schlamm und den Moskitos. Die Ausläufer der Berge haben tropische Vegetation, und vielleicht gibt es auch Kokos- und Königspalmen. Dann ist da auch das Dickicht, das nachts wieder über dem erst morgens geschlagenen Pfad zusammenwächst. Manchmal gibt es Brotfruchtbäume und auf den Ästen der Ceibas und des Dagamebaums Curujeyes, als Beistand für den hungernden und dürstenden Reisenden, und zur Zierde wilde Orchideen. Vielleicht findet er Caimitos oder einen verirrten Mango oder wilde Papayas und mit Sicherheit Anonen und Guaven und Bäume mit wertvollem Holz, wenn der nomadisierende Köhler dort noch nicht vorbeigekommen ist. Weiter oben gibt es keine Bäume mit Früchten mehr, und er trifft dann die Riesenfarne und die Korkpalme und andere Pflanzen an, die schon vor der Sintflut da waren. Aber der Busch begleitet ihn immer noch: Es ist eine reine Welt der Pflanzen, obwohl er möglicherweise auch Majás und Jubos sieht, Boas und Nattern, die für den Menschen ungefährlich sind. Er wird auch die Hutia sehen, diese riesige eßbare Ratte, und viele, viele Vögel. Es ist sehr wahrscheinlich, daß er auf das sonderbare Spektakel eines verdorrten Baumes stößt, der mit Auras, den kubanischen Aasgeiern, in Blüte steht. Oder vielleicht auf einen anderen Baum mit Carairanest, der unter dem Gewicht fast zusammenbricht. Er wird Vögel (Zunzunes) sehen, die Insekten ähneln, und Schmetterlinge, die so groß sind wie Vögel. Den Marsch erschwert ihm nun der Tibisí, der vom Marabú und vom Aromastrauch die Aufgabe übernommen hat, Pflanzendämme zu bauen, dornenbewehrte Mauern, denen die Machete kaum Schrammen beibringen kann. Hie und da wird er röhrenartige Baumstämme von einem oder zwei Metern Durchmesser sehen: das ist der Faßbaum, der in der Savanne nur ein Busch ist und sich hier oben zu einer perfekten lebenden Tonne auswächst.

Die Luft wird dünner, und manchmal ist der Wanderer von Wolken umgeben, und wenn sie zum Teppich werden, dann heißt das, daß sich vor ihm eine Schlucht auftut. Man geht über Grate, die einen halben Meter breit und fünfzehnhundert, achtzehnhundert, zweitausend Meter hoch sind, an Abgründen entlang. Die Hänge sind senkrecht, und der einzige Halt für den Fuß oder die Hand sind Wurzeln und Sträucher und manchmal ein fester Stein. Wenn man auf eine Hochfläche trifft, ist alles grün: Sogar das Sonnenlicht ist grün. Der Boden ist mit einem grünen Pflanzenteppich bedeckt, die Bäume, die Sträucher und das Buschwerk zeigen die gesamte Palette des Grün. Die Baumstämme sind mit Flechten bedeckt, die wie Grünspan aussehen, sich aber naß anfühlen: Diese grüne Wirklichkeit ist feucht. Von den Blättern tropfen unzählige Regenperlen, und wenn man auftritt, sinkt das Gras mit einem wässerigen Schmatzen ein. Auf den bemoosten Felsen sind flüssige Kristalle, und den Weg kreuzen kleine Rinnsale, Wasseradern. Die Temperatur liegt wenige Grade über Null, und das Licht dringt kaum durch das Blattwerk. Auf einer Lichtung taucht ein Wolkenfetzen auf, und die Sonne zerreißt ihn, und an dem

Sonnenstrahl klettert eine Dunstspirale empor. Es regt sich kein Lüftchen, doch ab und zu spürt man einen kalten Windstoß. Ganz weit dort unten ist zu beiden Seiten das graue Meer und zur dritten Seite hin sieht jetzt die Savanne grau aus.

AM TAG, AN DEM SIE KAMEN, LIEF DER KRIEG SCHLECHT.
Sie tauchten ohne Vorwarnung auf, wie Fallschirmsprin-
ger. Der Posten wies sie ab und sagte ihnen, sie könnten
nicht bleiben, sie sollten wieder zurück. Sie wollten nicht,
und man mußte den Offizier holen, und auch da gingen sie
nicht. Das Feldlager war nicht sehr groß, und der Lärm
drang bis zur Kommandantur hinüber, und der Comandante kam heraus. Er sah den Aufruhr, kam her, um zu
erfahren, was los war, und fand zwei Männer vor, die mit
den Soldaten herumstritten, ein ganz normaler Guajiro
und ein Bursche, der so klein war, daß der andere neben
ihm wie ein Riese aussah. Was ist denn hier los, fragte der
Comandante. Die hier sind ohne Waffen gekommen und
wollen nicht mehr gehen, erwiderte der Wachtposten.
Stimmt das? fragte der Comandante. Ja, sagte der Kleine,
und als er neben dem Comandante stand, der sechs Fuß und
zwei Zoll groß ist, wurde er zum Zwerg. Der Comandante
schaute ihn von oben nach unten an, aber der andere
schaute seinerseits von unten nach oben zurück, und sie
sagten nichts. Der Comandante rauchte seine immerwäh-
rende Zigarre, bewegte sie von der einen Seite des Mundes
zur anderen und stieß dicke Rauchschwaden aus, die für
den Besucher Wolken waren. Sie sahen aus wie der heilige
Georg und der Drachen auf den Lithographien, und bald
würden sie David und Goliath sein. Ohne Waffen also, was,
sagte der Comandante, ohne zu fragen. Ihr könnt ohne
Waffen nicht hierbleiben, sagte er und erhob dabei die
Stimme. Geht dahin zurück, wo ihr hergekommen seid.
Wir haben keine Waffen und auch kein Essen, sagte er, und
wir werden hier keine überflüssigen Mäuler durchfüttern.
Das Zwerglein schaute ihn erneut an, schien sich auf die
Zehenspitzen zu stellen, die Schleuder zu spannen und
den Stein abzuschießen: Und wenn ihr keine Waffen

habt, warum habt ihr dann das Volk zum Kampf aufgerufen?

Jetzt war der Comandante der Unbewaffnete, und er konnte nicht umhin, dem anderen entgegenzukommen: Gut, Hauptmann, sagte er, sie sollen bleiben. Aber wenn sie beim ersten Scharmützel, sagte er, keine Flinte ergattern, dann stellst du sie an die Wand, wir haben mit dem Troß schon genug totes Gewicht, als daß wir uns auch noch Lebendgewicht aufhalsen könnten. Die zwei Neuankömmlinge blieben da, obwohl sie nie herausbekamen, ob der Comandante es ernst gemeint oder im Spaß gesagt hatte. Beim nächsten Gefecht konnte der Größere keine feindliche Waffe an sich bringen und kehrte nicht mehr ins Feldlager zurück. Der Zwerg dagegen erbeutete ein Springfield, das größer war als er. Später kämpfte er so oft und so gut, daß er es zum Hauptmann brachte, und als er starb, drei Tage vor dem Ende des Krieges, wurde er postum zum Comandante befördert.

ER TAT SO, ALS TRÄFE ER IHN ZUFÄLLIG, und begrüßte ihn wie einen alten Freund, den er eine ganze Weile nicht mehr gesehen hat. Der andere trank Bier, und er bestellte sich ebenfalls eines. Als der Kellner das Bier gebracht hatte und wieder weg war, sagte der Mann, der gerade gekommen war, ganz leise zu dem anderen Mann: Der Vogel ist im Käfig. Der erste, derjenige, der bereits im Café gewesen war, dieser Mann von dreißig Jahren, der eher wie vierzig aussieht, wegen der vorzeitigen Glatze und dem schwarzen Schatten des Bartes und dem buschigen Schnurrbart, aber auch wegen des bitteren Ausdrucks, der in seinen Augen, in seinen Mundwinkeln, um seinen Mund liegt, wenn er redet, und der wie das Nachklingen eines alten Leides wirkt, lächelt fast: Er ist also endlich gekommen, sagt er. Sehr gut, wirklich sehr gut. Jetzt lächelte er: Heute wird die Sache durchgezogen, sagte er.

Sie bestellten noch ein Bier und stießen schweigend auf den erfolgreichen Ausgang der Angelegenheit an, die alles andere als ein Handelsgeschäft war. Es war nach elf Uhr vormittags, und sie saßen noch im Freien, schauten dem klaren Spätwintertag zu, wie er sich in einem wolkenlosen Himmel über das ruhige blaue Meer wölbte, und blickten den Autos nach, die auf der Allee vorbeifuhren. Über die Straße kam ein blondes, großes, schönes Mädchen, vielleicht ein bißchen zu dick, aber nicht für Rubens – und auch nicht für den ersten der beiden Männer, der sie von oben bis unten musterte und ihr ein Kompliment zurief, als sie vorbeiging. Kurz darauf kam wieder eine Frau über die Straße: eine schlanke Mulattin mit chinesischem Einschlag, die sich beim Gehen in den Hüften wiegte. Auch zu ihr sagte er etwas. Der andere Mann, der schüchtern war, lächelte bei jeder der Schmeicheleien und nippte an seinem Bier. Auf dem Bürgersteig vor dem Café gingen viele

Frauen vorbei, und er schenkte jeder mit seinem komischen spanischen Akzent ein paar Worte der Huldigung. Der andere schaute ihn scheinbar amüsiert an, aber im Grunde wunderte er sich darüber, daß dieser Mann, der in zwei oder drei Stunden einem Sturmtrupp beim kühnsten aller Kommandounternehmen anführen und vielleicht tot sein würde (so war es dann auch), jetzt wie ein unbekümmerter, frivoler, friedfertiger Bürger aussah: der zufriedene Büromensch, der seinen mittäglichen Aperitif trinkt.

WENN MAN EIN PAAR WIDRIGE UMSTÄNDE Schicksal nennen kann, dann war der Überraschungsangriff auf den Präsidentenpalast in Havanna vom Schicksal zum Scheitern verurteilt. So wie geschrieben stand, daß der ehrgeizige Armeestenograph, der innerhalb von vierundzwanzig Stunden vom einfachen Unteroffizier zum Rang eines Obersten aufstieg und sogar die Unverfrorenheit besaß, sich selbst die Generalssterne anzuheften, derselbe, welcher Jahre später der Diktator wurde, den die Möchtegernmörder in seinem Amtssitz umbringen wollten, daß dieser verhaßte Mann Jahrzehnte später in seinem Bett im goldenen europäischen Exil eines natürlichen Todes sterben würde: so stand auch dies geschrieben.

Die Fahrzeuge, die die Guerrillatruppe beförderten, blieben in einer Stadt, die sie alle auswendig kannten, im Nachmittagsverkehr stecken. Warum hatten sie die ewigen Verkehrsstockungen nach der Mittagspause nicht einkalkuliert? Niemand weiß es. Wie dem auch sei, zwei der Autos kamen rechtzeitig am Hintereingang des Palastes an. Der Vordereingang des Gebäudes wurde nur zu ganz bedeutsamen Gelegenheiten geöffnet: wenn Botschafter ihre *lettres de créance* überreichten, Empfänge zum Nationalfeiertag stattfanden, die Tochter des Diktators Hochzeit feierte. Die Guerrilleros eröffneten das Feuer auf die Palastwachen, noch bevor sie aus dem Auto stiegen. Aber in ihrem Angriffsplan hatten sie es versäumt, das Café an der Ecke mit einzubeziehen, wo oft Soldaten aus der Garnison beim Essen und Trinken saßen. Von den Schüssen aufgeschreckt, unternahmen sie aus dem Hinterhalt einen verheerenden Überraschungsangriff: die überraschten Überraschungsangreifer. Zum Glück (wenngleich sie diesen Ausdruck nicht gerade benutzen konnten) kamen in diesem Augenblick die übrigen Fahrzeuge an.

Zu ihrem eigenen Schutz trugen alle Aufständischen nur Handfeuerwaffen und ein paar Handgranaten bei sich, die sie in den Taschen verstecken konnten. Der Lieferwagen der Schnellreinigung (›Wir liefern frei Haus‹), der mit M1-Gewehren und Maschinenpistolen und Munition gefüllt war, blieb in einer Seitenstraße beim Regierungspalast abgestellt und wartete auf den Verstärkungstrupp. Er kam nie an. Mehr noch: die Männer, die den Auftrag hatten, das jenseits des kleinen Platzes stehende Gebäude des Kunstmuseums zu nehmen, um von seinem Dach aus das Maschinengewehr auf dem Dach des Palastes zu neutralisieren (das Museum war höher als der Palast), kamen ebenfalls nie an. Sie waren ausgefallen oder kamen zu spät oder hatten sich verirrt. Was auch immer. Dennoch gelang es den Männern am Hintereingang, die gesamte Wache auszuschalten und sich Zugang zum Palast zu verschaffen. Einige kamen sogar bis zu den oberen Stockwerken – um festzustellen, daß der Plan des Gebäudes, den sie monatelang studiert und sogar auswendig gelernt hatten, unvollständig war: der alte Grundriß enthielt noch nicht die Umbauten, die der Diktator erst kürzlich verfügt hatte. Zu den Veränderungen gehörte ein geheimer Fahrstuhl, der von den Dienstzimmern des Präsidenten zum Dach hinaufführte, wo er dem Gebäude einen anscheinend uneinnehmbaren Aufbau verordnet hatte. Der Fahrstuhl war ebenfalls kugelsicher.

Weil die offenbar zu alten Handgranaten nicht zündeten und so wirkungslos wie Steine in irgendeine Ecke rollten, kämpften sich zwei kühne Angreifer nur mit der Pistole bis zum ersten Stock durch. Irgendwie erreichten sie das Dienstzimmer des Präsidenten – das natürlich leer war. Genau in diesem Augenblick klingelte völlig unpassend das Telephon auf dem Tisch mit dem Präsidentensiegel. Einer der beiden Guerrilleros, der den gefahrverheißenden Namen Peligro trug, nahm unverständlicherweise den Hörer ab (warum tat er das?) und hörte eine völlig entstellte Frauenstimme. Sie sprach ein derart obskures Spanisch, daß er fast nicht verstand, was sie zu sagen versuchte. Es war eine Journalistin, die aus New York anrief. Sie fragte, ob es stimme, daß sie den Palast gestürmt hätten, den *Präsidenten*palast? Der Guerrillero sagte, es sei wahr: die Höhle des Diktators sei erfolgreich angegriffen worden. Er gab sich als einer der Aufständischen zu erkennen. Die Journalistin wollte wissen, ob der Señor Presidente noch lebe oder tot sei. Der Guerrillero sagte: »Der Tyrann ist tot«, und hängte ein. Es war eine politische Lüge, aber das waren auch seine letzten Worte. Als er das leere Büro verließ, wurde er durch Gewehrschüsse von der anderen Seite des Palastes auf der Stelle getötet. Sein Genosse trat hastig den Rückzug durch das Treppenhaus an.

Das einzige, was den übrigen Angreifern jetzt noch zu tun blieb, war, so schnell sie konnten wieder aus dem Gebäude zu kommen – wenn sie konnten. Es war natürlich schwieriger, den Präsidentenpalast wieder zu verlassen, als ihn zu stürmen. Und übrigens auch sehr viel schwieriger als die Planung der Operation Sic Semper Tyrannis: so erfolgreich auf dem Papier, so katastrophal in der Ausführung. Die politische Gruppe, die sie ausgeklügelt hatte, die zweitgrößte der im Untergrund arbeitenden Opposition, wurde praktisch ausgelöscht: Sie verlor bei der Operation neunzig Prozent ihrer Leute. Man konnte es damals nicht so knallhart sagen, weil sie alle Märtyrer waren, aber es war eine einzige Pleite.

Der Diktator, der Tausende von Glückwunschadressen bekam, nur, weil er am Leben war, blieb noch drei weitere Jahre an der Macht. Andere Guerrillagruppen gewannen den Krieg in den Bergen, lange nachdem sie den Schluß gezogen hatten, der Überfall auf den Präsidentenpalast sei eine schlechte Idee gewesen. Damit hatten sie recht, aber man könnte sagen, daß sich bei dieser selbstmörderischen

Aktion Heroismus und Scheitern verbunden hatten, um sie denkwürdig zu machen. Im Grunde war es Wahnsinn mit Methode.

ER KAM MIT DEN ANDEREN im Gänsemarsch durch die Tor-
einfahrt, flankiert von Polizisten mit Gewehren. So verließen sie das Gefängnis: Sie bestiegen nacheinander die
Gefängniswagen, die sie dann von drei Streifenwagen es-
kortiert zum Gericht brachten.

Sie betraten den Justizpalast, wo stellenweise der alte Stein
hervortrat, weil ihn der Regen und nicht die Zeit oder der
Mensch seines gelben Kalkanstrichs und des Verputzes ent-
blößt hatte. Einige von ihnen trugen dunkle Brillen und
waren durch den Kontrast zwischen dem grellen Licht
draußen und dem Dunkel drinnen für einen Augenblick
wie blind. Im Gerichtssaal waren die Schritte zu hören. Die
Angehörigen und die Rechtsanwälte und die Journalisten
und die Schaulustigen erhoben sich.

Auf dem Weg vom Korridor zum Hof, wo sich in den Pau-
sen die Leute unterhielten, bog die Kolonne nach links ab,
weil sich die Gefangenen (sie hatten die vorschriftsmäßige
Gefängniskluft an: blaue Hose und blaue Jacke und blaue
Mütze, die sie jetzt in der Hand hielten) im Wartesaal sam-
meln sollten, und genau in diesem Augenblick scherte der
schlanke, blasse Junge, der keine Brille trug, aus der Kolonne aus und schlüpfte in einen der leeren Säle. Er versteckte sich hinter der Tür und wartete. Als sie alle vorbei
waren, zog er die Jacke aus, und darunter kam ein Hemd
mit grünen und roten Palmen vor einer weißen Landschaft
(oder umgekehrt) zum Vorschein, und er zog es heraus, um
einigermaßen die Gefängnishose zu verdecken. Er warf die
Jacke und die Mütze in eine Ecke und setzte eine dunkle
Brille auf, bevor er ganz ruhig hinausging, den Hof überquerte, durch den Haupteingang auf die Straße gelangte,
ein Taxi rief – und davonfuhr.

Am nächsten Tag veröffentlichten die Zeitungen Photos
von der Jacke und der Mütze, die jetzt schwarz oder grau

waren, und eine Skizze des mutmaßlichen Fluchtwegs, die eher wie der Entwurf eines Labyrinths aussah. In Wirklichkeit war der blasse Junge erst an diesem Morgen auf die Idee gekommen. Er wollte sie gleich in die Tat umsetzen, und ihre Einfachheit hatte einen sympathischen Zug, der ihr zum Erfolg verhalf: das Vertrauen in den blinden Zufall. Aber es gab weder einen genialen Plan noch Skizzen des Fluchtweges, noch ein Komplott, und es war doch so leicht.

SPÄT IN DER NACHT fahren die Milchlaster durch die Stadt. Im Morgengrauen hat man den Eindruck, daß die Straßen, daß die Stadt ihnen gehört. Sie überqueren die Alleen und die Seitenstraßen mit derselben Geschwindigkeit, ohne anzuhalten und oft ohne Licht. Doch einer von ihnen ist kein Milchlaster. Vielleicht ist es der vorsichtigste, der langsam fährt und das Licht an hat und an jeder Straßenmündung Zeichen gibt. Vielleicht ist es dieser eine, den ein Pferd zieht und der die ganze Stadt von zwölf bis sechs durchquert. Niemand weiß etwas. Alle reden von diesem Milchlaster, aber niemand kennt ihn. Sie sagen, er komme aus dem Kellergeschoß einer Polizeistation und es sei ein Toter drin – oder zwei oder drei, was eben da ist. Der Tote ist immer ein Gefangener von der Opposition, und wenn er Glück gehabt hat, dann haben sie ihn gleich umgebracht. Andere werden vorher gefoltert, und ihre Verwandten haben dann im Leichenschauhaus große Mühe, sie zu erkennen.

Im Morgengrauen warfen die Flugzeuge Bomben ab. Eine Bombe fiel auf ein Bauernhaus und tötete eine Familie, eine andere fiel auf das Krankenhaus, das bereits evakuiert worden war. Die Schutzräume hielten stand, doch nach dem Angriff waren sie voller Erde, Splitterholz und Schutt. Das Wort Luftschutzraum läßt an die militärische Stabilität einer Kasematte oder an die zivile Sicherheit eines Kellers oder der U-Bahn denken, aber diese Schutzräume waren primitiv und erinnerten eher an eine Kreuzung aus Höhle und Blockhütte. Sie wurden in einem Hohlweg, in einem ausgetrockneten Bachbett und manchmal auch an einem Hügel gebaut, ihre Wände waren die Uferböschungen oder der Abhang des Hügels, und das Dach wurde aus dicken, mit Stricken oder Lianen zusammengebundenen Hölzern gemacht, zum Schluß bedeckte man alles mit Erde und Steinen und, soweit möglich, mit Schlamm. Das ergab trotz allem einen guten Schutz gegen Splitter, und wenn sie keinen direkten Treffer abbekamen, konnte man sie als sicher betrachten – obwohl ja ohnehin die wenigsten Luftschutzbunker vor einem direkten Einschlag schützen können.

Bei den Rebellen gab es Tote und Verletzte. Unter den Verletzten war ein Fernmeldesergeant, ein blonder Bursche mit spärlichem Bartwuchs, der nach Bauer aussah. Er war draußen geblieben, um eine Verbindung zum Hauptquartier herzustellen, und in der Nähe war dann eine Bombe hochgegangen. Er hatte eine Wunde in der Seite, und da sie nur klein war, beschloß der Arzt, ihn erst am Schluß zu versorgen. Aber jetzt lag er auf dem Boden, preßte beide Hände auf die Wunde und schrie, heulte vor Schmerz. Der Comandante hörte es und kam herbeigeeilt. Er beugte sich über den Verwundeten und zischte ihn an: Meine Güte, Sie sind doch ein Mann, oder, sagte er. Ertragen Sie das bißchen Schmerz, das ist doch nichts, sagte er und zog ihm die Hände vom Leib, schaute sich die Wunde an und taxierte sie mit einem Zungenschnalzen. Scheiße, das ist ja nur ein Kratzer, sagte er, und Sie machen mir hier die verwundeten Zivilisten verrückt. Vergessen Sie verdammt nochmal nicht, daß Sie Soldat sind! sagte er und stand auf und ging. Der Junge biß sich auf die Zunge, in die Lippen, in den Unterkiefer, und auf der einen Seite rann ihm der Geifer aus dem Mund. Er sagte nichts, er konnte nicht sprechen. Er krallte die Hände in den Boden, grub die Finger in das Gras und in den Staub. Während der Comandante mit ihm gesprochen hatte, war er rot geworden; jetzt war er sehr blaß.

Als der Arzt kam, rang er mit dem Tod. Der Arzt rief den Comandante, aber es hatte keinen Sinn mehr, denn er lag schon im Koma, und seine Agonie dauerte nicht lange. Der Arzt drehte den Leichnam um und sah, daß die Wunde keinen Austritt hatte, und beschloß, eine Autopsie vorzunehmen. Der Comandante half ihm dabei. Vor lauter Blut war im Bauch kaum etwas zu erkennen, und der Arzt holte eine Handvoll Fäkalien heraus, und dazwischen glänzten sechs, zehn, zwölf spitze graue Splitterchen in der Sonne: Die Wunde war von einem Splitter verursacht worden, der sich beim Eintritt in die Bauchhöhle zerteilt und ihm als Schwall rasender Rasiermesser die Eingeweide perforiert und die Leber zerfetzt hatte. Technisch gesehen war er auf der Stelle tot, sagte der Arzt.

Der Comandante wischte sich mit einem Lappen das Blut von den Händen und warf ihn dann fort. Er nahm den Hut ab und ging zu der Funkstation unter dem Baum hinüber, und als er dort war, versetzte er dem Baum einen Fußtritt.

ER KAM AUF DEM BÜRGERSTEIG DAHER, ging am Wohnsitz des Polizeiobersten vorbei und betrat das Haus daneben, immer noch mit seinem Paket unter dem Arm. Als er im Zimmer war, übergab er das Paket seinem Hauswirt und sagte zu ihm: »Hier ist das Dynamit. Versteck es an einem sicheren Ort – und sei vorsichtig, man bekommt Kopfschmerzen davon. Mir platzt gleich der Schädel.« Sein Hauswirt brachte ihm ein Aspirin, und schließlich legte sich der junge Terrorist in sein Bett in diesem Zimmer, wo er sich jetzt schon seit fast sechs Monaten versteckt hielt. Das Dynamit verwahrten sie in einem Wandschrank in dem Zimmer, in dem die Eltern und die älteste Tochter schliefen. Nach etwa einer Stunde erschien der andere Terrorist und verlangte das geborgte Dynamit. Er war sehr nervös, und als er das Haus verließ, zögerte er einen Augenblick, bevor er auf den Bürgersteig trat.

Ist es wahr, daß kein Pflug wegen eines Sterbenden inne-hält? Die ganze Nacht über fuhren die Autos vorbei, während der Mann am Straßenrand starb. Vermutlich haben sie ihn um Mitternacht aus dem Gefängnis geholt und sind hierher gekommen und haben ihn getötet. Oder vielleicht war er schon tot, zu Tod gefoltert, und ein Wagen hat ihn am frühen Morgen hergebracht und an dem kleinen See liegenlassen. Oder sie haben ihn bei Einbruch der Nacht aus einem Streifenwagen geworfen. Haben ihn für tot gehalten, und der Mann war noch am Leben und hat die ganze Nacht über mit dem Tod gerungen.

Wie immer wurde es Tag. Der Mond ging früh unter, und Venus leuchtete zuerst stärker und wurde dann immer blasser, matter. Vom Land her hörte der Wind auf zu blasen, aber es war frischer als am Abend. Mehrere Hähne krähten, oder ein Hahn krähte viele Male. Die Vögel begannen zu pfeifen oder zu zwitschern oder zu gurren, ohne sich von den Bäumen zu rühren. Der Himmel wurde blau und kehrte dann zum Violett, zum Purpur, zum Rot, zum Rosa zurück und war später orange und gelb und weiß, als die Sonne aufging. Von der Küste her zogen Wolken auf. Jetzt roch es nach Kaffee. Jemand öffnete ein Türgatter. Der Verkehr wurde lebhafter.

Der Tote blieb im Straßengraben liegen, bis ihn am späten Morgen der Gerichtsarzt abholte.

SEIN SPRINGFIELD LEHNT AM BAUM. Der andere hat, weil er mehr Glück hatte oder älter ist, ein Garand-Gewehr zu seinen Füßen liegen. Es ist Mittag, und sie sitzen unter einer Ceiba, nutzen den Schatten und den Wind, um die Operation zu Ende zu bringen. Beide sind bärtig und langhaarig, aber der eine trägt einen Strohhut und der andere eine Baseballmütze, und bei beiden sind auf den Schultern die Sterne eines Comandante in das rotschwarze Dreieck gestickt. Der Jüngere kaut auf einer erloschenen Zigarre herum und betrachtet aufmerksam den in Quadrate aufgeteilten Plan, der vor ihm liegt: Er scheint ihn zu studieren. Der Ältere rauft sich den staubigen Bart und lächelt. Es kommt Wind auf, und die Papiere auf dem Tisch sind drauf und dran davonzufliegen, doch ihre luftige Rebellion kann gegen die Tyrannei des steinernen Briefbeschwerers nichts ausrichten. Der Junge denkt vielleicht an taktische Manöver, an bestimmte Bewegungen auf der Flanke – vermutlich an einen schnell vorgetragenen Angriff. Der Alte scheint eher auf den Hinterhalt zu bauen, auf einen Vorstoß im Schutze der Nacht und des Überraschungsmoments. Etwas weiter entfernt liegen die Rebellen im Gras und unterhalten sich oder reinigen ihre Waffe oder schlafen unter freiem Himmel: Für das Geschäft sind sie nicht zuständig, sollen doch die Comandantes entscheiden. Die beiden Führer konzentrieren sich auf den Operationsplan und grübeln still vor sich hin. Der Ältere nimmt den Hut ab und wischt sich mit dem Ärmel den Schweiß von der Stirn. Jetzt lächelt der Junge und unterbreitet eine strategische Lösung. Der Ältere will protestieren, doch er sagt nichts: Er weiß, daß der Krieg Mut, aber auch Umsicht erfordert.

So sitzen sie eine Stunde, anderthalb Stunden, zwei Stunden da, und niemand traut sich, sie zu unterbrechen, weil man spürt, daß es ein historischer Augenblick ist. Der

Schatten des Baumes ist weitergewandert, und das Papier ist jetzt durch Licht und Schatten gefleckt. Der Ältere macht mit der Hand eine Vorwärtsbewegung und lacht und verkündet: »Schachmatt, mein Freund!«, mit triumphierender Stimme.

ER WAR AUS FREIEN STÜCKEN LANDARZT. Er war jung, gutaussehend und reich. Jedenfalls kam er mit einem nagelneuen Jeep in die Stadt, und seine Frau besaß ein Pontiac Cabrio. Er war groß, blond und blauäugig. Seine Frau war zwar auch jung, aber ziemlich hausbacken. Doch er schien keinerlei Interesse an den lokalen Schönheiten zu zeigen. Warum also hatte ein so begabter Arzt seine Zelte in einem armseligen Städtchen, fast in einem Dorf aufgeschlagen? In Havanna hatte er sicherlich eine glänzende Zukunft vor sich. Manche Leute konnten nicht verstehen, daß der neue Doktor, wo doch die Zeiten so rüde und garstig waren, ein Altruist war. Er liebte die Armen tatsächlich. Häufig verlangte er nichts für seine Dienste, besonders wenn der Patient ein Bauer war. »Ein andermal«, verordnete er in den meisten Fällen dem Geldbeutel. Er stand auf der Seite der Diktatur, okay, aber er war okay. Er verehrte den General, aber man konnte ihm vertrauen.

Plötzlich kam es zu einer dieser Wendungen des Glücks, die das Schicksal so gerne inszeniert.

Zwei Rebellen überfielen die Garnison der Stadt – ein ganz und gar unnützes Unterfangen. Einer der Angreifer wurde getötet, und der andere war schwer verwundet. Sie hatten ihrerseits den Hauptmann der Garnison und einen harmlosen alten Soldaten getötet, der in der ganzen Stadt als liebenswerter Kauz bekannt war. Der verwundete Junge (er war noch nicht einmal zwanzig) kam durch reinen Zufall zum Haus des Arztes. Man muß annehmen, daß er nicht einmal das Messingschild an des Doktors Haustür sah. Das Schicksal ist so ein grausamer Spaßvogel!

Er hatte noch Kraft genug, an die Tür zu klopfen. Der Doktor machte ihm selbst auf (seine Frau war nicht zu Hause), und er brach in seinen Armen zusammen. Der lebensgefährlich verwundete Fremde würde in einer so kleinen Stadt bestimmt sterben, diagnostizierte der Arzt, und er selbst war kein Chirurg. Er konnte nichts tun, außer ihn vielleicht in das Krankenhaus der nächsten Stadt namens Sancti Spiritus zu bringen. Daß die Stadt nach dem Heiligen Geist benannt war, war überhaupt nicht ironisch gemeint. Der Arzt half seinem Patienten in den Wagen und fuhr auf dem direktesten Weg Richtung Stadt. Der Arzt kam nicht an, und der junge, unerfahrene Rebell kam nicht durch. Jemand im Städtchen hatte gesehen, wie der Doktor den verwundeten Terroristen in seinen Jeep brachte, und ihn bei der Ortspolizei verpfiffen. Wie üblich war das Telephon schneller. Der Doktor wurde in einem Vorort der Stadt von der politischen Polizei abgefangen. Sein Patient hatte mehr Glück als der Doktor, denn er erlag seinen Verletzungen, als er brutal aus dem Wagen gestoßen wurde. Der Doktor wurde von der Polizei mit präzisem, aber nicht gerade subtilem Sadismus gefoltert: Zuerst zogen sie ihm die Fingernägel, dann rupften sie ihm die Augen aus, als wären es Augenbrauen. Als sie ihn schließlich ins Krankenhaus brachten (wohin er ja wollte, als er das Städtchen verließ), war er bereits tot. Keiner seiner Freunde hätte den guten alten Doktor wiedererkennen können.

DER KAPLAN WAR EIN PRIESTER, der wie viele andere Guerrilleros in die Berge gekommen war. Er hatte das Priesterkleid nicht abgelegt, aber er trank viel. Lange Zeit war sein Lieblingsgetränk der Branntwein, für den im Radio ein Liedchen mit dem Schlußvers »*Drei Medaillen* möge dich begleiten« warb und der im Volksmund als Dreikanaillen bekannt war. Der Kaplan trank in den Bergen weiter und hatte manchmal Schwierigkeiten, obwohl alle seinen Mut bewunderten und die Art und Weise, wie er mit dem Trinken zurechtkam.

Einmal nahmen sie den Anführer einer Bande von Straßenräubern gefangen und verurteilten ihn zum Tod. Der Bandit sagte, er sei katholisch, und verlangte nach einem Priester, der ihm die Absolution erteilen sollte. Sie riefen den Kaplan, der herkam, sich neben den Angeklagten stellte und zu ihm sagte: »Ego te absolvo in nomine Patris et Filii et Spiritus Sancti.« Der Bandit protestierte, er könne kein Latein und wolle eine Absolution auf spanisch. Der Kaplan nickte zweimal bedächtig mit dem Kopf und sagte: »Gut, mein Sohn: *Drei Medaillen* möge dich begleiten.« Alle lachten, sogar der Angeklagte, ein Mann, der sich immer damit gebrüstet hatte, keine Angst zu kennen.

JEMAND HAT EINMAL GESAGT, junge Menschen dächten nicht an den Tod.

Dieser Junge saß auf den aus der Erde ragenden Wurzeln eines Jagüey und aß eine Mango. Der Saft triefte in seinen schwarzen Bart und rann ihm über die Hände. Er lachte, weil neben ihm ein anderer Rebell einen Witz erzählte. Jedenfalls, sagte der, der den Witz erzählte, war der Neffe 'n bißchen bekloppt. Aber 's war sonst keiner da, um der Tante die Spritze zu geben, also mußte er's machen. Die anderen lachten. Sie kannten den Witz schon, aber sie lachten. Und der Neffe geht in die Apotheke und kommt mit der Arznei und mit der Nadel zurück und macht alles fertig, um der Tante die Spritze zu geben, und wiese ihren Unterrock hochzieht, da fragt er sie mit sei'm blöden Gesicht, Tante, wo soll ich's denn reintun, ins Einschußloch oder in den Schnitt von der Machete?

Er ließ sich auf den Rücken fallen, um sein Wohlbehagen noch zu steigern, fühlte sich unendlich wohl mit der Mango, dem abgelutschten Mangostein im Mund, dem faserigen, süßen Kern fest zwischen den weißen Zähnen. Er sah die Äste des Jagüey kreuz und quer aufragen, und wenn sie sich bewegten, kam die Sonne zwischen den Blättern zum Vorschein und verschwand wieder und machte den Baum weiß und die Äste weiß und die Landschaft weiß. Er schloß die Augen und sah rot und schwarz und rot. Er lachte und hörte den Wind in den Bäumen und das Ächzen der Äste und einen Vogel, der sang. Nein, er flötete. Vielleicht ein »Jude«, den die kubanischen Bauern, ohne es selbst zu wissen, so nennen, weil sein Ruf nach »judío« klingt, auch wenn sie seinen Namen damit erklären, daß er verräterisch sei, und damit sagen wollen, daß dieser Vogel wie alle Kuckucke immer ruft, wenn sich ein Mensch nähert, und die Bauern und die anderen Vögel und die wilden

Tiere benutzen ihn als Wache. Auch den Rebellen diente er als Feldposten.

Er lachte mit geschlossenen Augen, die halb gegessene Mango in der Hand, die Arme bis zum Olivgrün des Ärmels gelb verschmiert, weil er sie emporstreckte, um Schwung zu holen und sich aufzusetzen und vielleicht aufzustehen. Er lachte, als ihn der Schuß niederstreckte. Er erfuhr nie, was ihn tötete, ob es der versehentlich ausgelöste Schuß eines Freundes war oder eine feindliche Kugel aus dem Hinterhalt oder was sonst. Er fiel auf die Seite und rollte unter dem Baum auf das Bachbett zu. Woran dachte er gerade? Jemand hat einmal gesagt, man wisse nie, was ein Tapferer denkt.

DER COMANDANTE HATTE DIE ANGEWOHNHEIT, wenn sie einen schwerverletzten Soldaten gefangennahmen, sich als dessen Freund auszugeben. So ging er zu dem Sterbenden und flüsterte ihm ins Ohr und flößte ihm Vertrauen ein, um ihm Informationen über den Feind zu entlocken, und ließ niemanden, nicht einmal die Sanitäter, zu dem Verwundeten, bis er hatte, was er wollte – oder der Soldat gestorben war. Diese Angewohnheit fand der andere Comandante immer abstoßend.

Obwohl sie alle drei im Gras liegen, ist es nicht das *Déjeuner sur l'herbe*. Der eine hat ein Loch in der Stirn und eines mitten im Gesicht und ein weiteres im Nacken. Der andere liegt auf dem Bauch, und sein Kopf ist irgendwie unförmig, vielleicht Schläge oder Schußwunden. Der dritte, ein Mulatte ohne Hemd, hat mindestens zehn Kugeln in die Brust und den Bauch bekommen. Vorne sieht man einen Streifen Asphalt, vermutlich die Landstraße, und hinten ein Stück Strand oder die Küste, das Meer.

Sie bewegen sich nicht, weil es eine Photographie ist und weil sie seit Stunden tot sind und man sie dort zur Abschreckung und Einschüchterung hat liegen lassen.

ALTE FABELN wirken unwahrscheinlich, und die Moral ist immer unnütz, genauso wie die Exempel: Das passiert nur den Tieren, und die Erfahrung gehört zum Leben eines anderen. In den modernen Fabeln sind die Figuren andere, und in der hier, die in aller Munde war, geht es um einen didaktischen Vater und einen hohlköpfigen Sohn. Der Vater überlegte, wie er dem Sohn eine Lehre erteilen und aus den ständigen Ratschlägen Vorzeichen machen könnte: Wie jeder Prediger wollte er ein Prophet sein. Eines Tages schlug ihm ein Freund einen Heilungsplan vor, und der Mann befolgte ihn.

Er lud den Polizeichef zum Essen ein, und der Gast fand, was der Gastgeber vorhatte, würde bestimmt ein großartiger Spaß. Es ging darum, den verlorenen Sohn (der sich nur für das Saufen und die Frauen und die Nacht interessierte) bei seinem nächtlichen Streifzug zu schnappen, als Terroristenführer zu beschuldigen und in eine Zelle zu sperren. Bestimmt wäre er am nächsten Morgen, wie es in der Werbung für ein damals gerade gängiges Verdauungspräparat hieß, völlig geheilt.

Der Junge kam nicht mehr aus dem Staunen heraus, auch nicht mehr aus dem Gefängnis. Als er trotz seiner Unschuldsbeteuerungen auf der Polizeiwache inhaftiert war, überließ ihn der Polizeichef mit einem Augenzwinkern dem Hauptmann. Das Pech des Sohnes und des kriminell beispielhaften Polonius, der sein Vater war, wollte es, daß der Hauptmann an diesem Abend mit seiner Geliebten zum Essen ausging und daß in dieser Nacht zehn politische Bomben explodierten und daß der Innenminister den Tod einer Geisel für jede Bombe verfügte: irgendein Gefangener in jeder der zehn ersten Polizeiwachen. Er war in der dritten oder siebten und wachte weder mit vom Saufen rauher Zunge noch mit Kopfschmerzen, noch neben einer

Frau auf – er wachte einfach überhaupt nicht mehr auf.

Die Moral der Fabel ist, daß die Zeiten sie nicht nur wahrscheinlich, sondern auch möglich machten.

Er hatte ein schäbiges, stumpfsinniges Gesicht und manchmal auch, wie jetzt, ein wildes. Sie erschossen ihn. Die Verhandlung hatte fünfzehn Minuten gedauert. Anklagepunkte: Raub, Vergewaltigung und Fahnenflucht, vielleicht hatte er auch Informationen an den Feind weitergegeben. Staatsanwalt war der Comandante, und er bebte, als er das Wort ergriff und sagte: Dieser Mann, den ihr hier vor euch seht (er zeigte auf ihn: die ganze Verhandlung über ließ er den Finger auf ihn gerichtet) ist ein bösartiger Mensch und verdient nicht das geringste Mitleid. Leid verdient er, viel Leid, und deshalb sollte er eigentlich die mehrfache Todesstrafe erleiden. Da wir ihn aber nur einmal töten können, fordere ich, daß er sofort abgeurteilt wird und nicht viele Kugeln an ihn verschwendet werden. Der Verteidiger (ein Hauptmann, der gegen den Willen des Angeklagten ernannt worden war – denn der wollte keine Verteidigung – und der sehr schnell redete) sagte es gebe keine mildernden Umstände für die Verbrechen deren man den Angeklagten beschuldigte und die er ja tatsächlich auch begangen habe aber er appelliere dennoch an das Rebellengericht ihn zum Tod durch Erschießen zu verurteilen und ihn nicht wie einen tollwütigen Hund durch Genickschuß hinzurichten sagte er denn man müsse doch auch seinen in der Vergangenheit bewiesenen Mut bedenken sagte er und die Fahnenflucht sei ja nicht vollzogen worden und es gebe keine eindeutigen Beweise für die Weitergabe von Informationen an den Feind sagte er was ihn alles dazu bewege zwar selbst auch die Todesstrafe zu fordern, aber durch ein Erschießungskommando. Sie erschossen ihn auf der Stelle, vor dem Arabo, in dessen Schatten die Verhandlung stattgefunden hatte: Das Gericht mußte nur den Platz räumen. Bevor er starb, stellte der Verurteilte eine Frage. Comandante, sagte er, wie soll ich mich hinstellen. Mit dem Gesicht oder mit dem Rücken zu ihnen? Mit dem Gesicht, sagte der Comandante. Einer wie Sie, mit dem Gesicht. Er bat darum, dem Erschießungskommando selbst den Befehl geben zu dürfen, doch es wurde ihm nicht gewährt.

DER COMANDANTE GING IM DUNKELN mitten auf der Straße. Es hatte seit Tagen nicht mehr geregnet, aber ob sie beim Gehen Staub aufwirbelten, wußte er nicht, und er hörte kaum das Knirschen der großen Stiefel des Hauptmanns, der unsichtbar neben ihm ging. Sie waren auf dem Weg zur Kaserne der Armee. Im Guerrillakrieg muß ein Comandante Kriegsminister, Stratege, Generalstabschef, Oberst eines geschrumpften Regiments, Offizier eines Sturmtrupps und sogar Späher sein. Heute nacht war er vorgeschobener Beobachter. Die Truppe (oder sollte man sagen, ihr Rest) hatte die Kaserne umzingelt und wartete auf das Signal zum Angriff, einen Schuß.

Obwohl es heiß war, wehte eine leichte Brise, die jetzt den Staub auf die Kaserne zutrieb. Es war noch nicht neun, und die Ortschaft war schon erloschen, ohne Leben, und wäre es ein anderer Comandante gewesen, hätte er an die Geisterstädte des Wilden Westens gedacht. Aber dieser Comandante mochte keine Filme.

Sie bogen in die Hauptstraße ein und stießen fast mit einem Soldaten zusammen, der sie automatisch zum Stehenbleiben aufforderte. Der Comandante hatte seine Thompson durchgeladen. (Bevor man fortfährt, sollte man die Biographie dieser Waffe erzählen. In den ersten Tagen des Kampfes in den Bergen hatte sie der Comandante, der damals noch kein Comandante war, in einem Gefecht erbeutet. Als er sie zum erstenmal sah, fuhr sie in einem Panzerwagen des Heeres. Der Panzerwagen fiel, als er von einer Mine in die Luft geschleudert wurde, auf die Thompson, und sie war nicht mehr dieselbe. Manchmal, wenn es am nötigsten war, weigerte sie sich zu funktionieren. Wahrscheinlich war sie eine übertrieben loyale Waffe und fühlte sich noch als Feind.) Als er sah, daß der ebenfalls schußbereite Soldat feuern wollte, drückte er den Abzug durch. Nichts: kein Schuß, keine Detonation, nicht einmal ein Klicken. Der Hauptmann neben ihm merkte, was los war, und erinnerte sich an die Geschichte der widerspenstigen Thompson: Es ist seltsam, wie viele Dinge man in Sekunden denken (und tun) kann. Er (der eine alte, aber freundlich gesinnte Flinte bei sich trug, sozusagen eine Familienwaffe: Sie hatte seinem Großvater gehört, der damit im Kleinen Krieg gekämpft hatte) drückte ebenfalls ab, doch die Flinte tat es der Maschinenpistole nach und bekam aus Sympathie Ladehemmung. Der Hauptmann dachte später, es sei ja doch eine Waffe, die allzu lange zu Hause in der Küche verwahrt gewesen war, nur gelegentlich zur Jagd benutzt wurde, und es sei ganz normal, daß sie mit diesem unangebrachten Torschlußpazifismus reagiert hatte.

Die einzige Waffe, die funktionierte, war das Gewehr des Soldaten. Der Comandante tat, was jeder andere Mensch (vielleicht mit Ausnahme von General Custer) auch getan hätte: Er rannte, er rannte, wie er nie zuvor gerannt war und wie er es sich auch nie zugetraut hätte, und er selbst erzählte später, er habe sich beim Rennen gefragt, wieviele Rekorde er an diesem Abend wohl brechen würde. Der Hauptmann, der in der Befehlshierarchie der Zweite war, war jetzt der Erste, denn er startete noch vor seinem Comandante. Es scheint, daß diesmal alle rannten, denn die Kugeln trafen kein menschliches Fleisch, und nachdem sich die Kaserne ergeben hatte (die Schüsse aus dem Garand waren das Zeichen zum Angriff, der keine halbe Stunde dauerte), fanden sie den Soldaten, der nicht weit entfernt in einem Hauseingang zitternd hinter einer Säule hockte, und seine Waffe lag mitten auf der Straße im Staub.

Der Comandante war gerecht. Er gab das Gewehr dem Hauptmann (der seine Flinte verwahrte, damit sein Sohn oder sein Enkel einmal in Frieden jagen könnten, mit der Sicherheit, daß es zu Hause nie zu einem Jagdunfall kommen würde) und fand in der Kaserne eine Browning-

Maschinenpistole, die er den ganzen Krieg über behielt und die eine neutrale Waffe war – sie feuerte immer, wenn ihr neuer Herr den Abzug betätigte, ohne sich jemals zu fragen, wen sie tötete oder verwundete.

In finsteren Zeiten hieß der Polizeichef von Havanna Pilar. Überall in der spanischsprechenden Welt ist das eigentlich ein Mädchenname. Aber der Polizist mit dem Frauennamen war keine Frau, und die Habaneros wußten das. Er war das letzte Mittel der Diktatur, um eine Stadt zu befrieden, die zu einer Brutstätte des Terrors geworden war. Weil er für seine harte Hand bekannt war, brachte ihn der Diktator höchstpersönlich von Matanzas, wo er Oberst gewesen war, nach Havanna, in die Stadt, die niemals weinte, und machte ihn zum Polizeichef im Rang eines Generals.

Damals kam es in der ci-devant Sündenbezirk genannten Enklave in der Calle Zulueta (von Sloppy Joe's Bar bis zu Dirty Dick's Taverne: zwischen dem Dunkel und der Kolonnade) zu einem schrillen Streit, den die Presse am nächsten Tag ein Höllenspektakel nannte. Es geschah spät in der Nacht, und die Polizei kam unauffällig mit Streifenwagen und Schwarzen Minnas angefahren. Sie beendeten die Razzia damit, daß sie eine Reihe von Leuten verhafteten, die sie über den Sprechfunk als einen »Haufen Perverser« identifizierten. Zu dieser Zeit waren die Straßen von Havanna nach Einbruch der Dunkelheit nur noch von Terroristen, Polizisten und Schwulen bevölkert. Die Schwulen waren in der Tat eine dritte Streitmacht. Der General wußte das; viele Polizisten wußten es auch. Doch jetzt griffen sie sich einfach alle Schwulen in den Bars, wie die Verdächtigen in einem Film über die Nazis und die Résistance.

Als General Pilar das am nächsten Morgen erfuhr, war er stinkwütend und rief den Hauptmann der dritten Polizeiwache mit so lauter Stimme zu sich, daß er dazu nicht einmal ein Telephon brauchte. »Wer zum Teufel hat euch befohlen, die Schwulen einzusammeln!« Der Hauptmann versuchte eine klägliche Ausrede zu stammeln. »Wißt ihr denn nicht, verdammt nochmal«, sagte General Pilar immer noch laut brüllend, »daß die Schwulen das einzig Fröhliche sind, was es in dieser Stadt noch gibt?« Der Hauptmann versuchte zu lächeln. »Ich will nicht, daß einer von euch die Schwulen anrührt, auch nicht mit dem Gummiknüppel, haben Sie verstanden?« Er machte eine Pause, um sich zu beruhigen: »Außer natürlich, wenn Sie Schwule in Uniform haben, die auf eigene Rechnung ein bißchen Berührung suchen.« Der Hauptmann konnte sich das Lachen nicht verkneifen. »Macht mir meine Schwulen nicht so traurig, daß sie nachts von den Straßen verschwinden«, stellte der General abschließend fest. »Diese Schwulen werden gebraucht, aber nicht im Gefängnis.«

General Pilar hatte, wie man soeben selbst miterleben konnte, Sinn für Humor. Trotzdem war er im Umgang mit den Terroristen ein grausamer Polizist, und als wenige Monate, nachdem er Oberpolizist von Havanna geworden war, die Regierung stürzte, mußte er die Insel eilends verlassen. Vertrau nie einem Polizisten, der Späße macht. Bedenke, daß ein Jokus näher am Joch ist, als man denkt.

DER COMANDANTE ZEICHNET EINEN SCHLACHTPLAN in die ausgetrocknete Erde. Er arbeitet ihn mit großer Sorgfalt aus, verteilt bis ins kleinste die Positionen, berechnet aufs genaueste die Schlagkraft des Feindes und erwägt jedes Für und Wider. Aber am Ende wird die Schlacht durch bloßen Zufall gewonnen oder durch die unbeirrbare Tatkraft von zwei oder drei tapferen Männern, die diese ganzen Erläuterungen nicht verstanden, die nichts wissen, die Strategie nicht von Taktik unterscheiden können – die diese Wörter nicht einmal kennen.

NUR ZWEI MANN waren bei den dreihundert Gefangenen, der Arzt und ein Sanitäter, und keiner war bewaffnet. Sie hatten den Abstieg früh am Morgen begonnen und kamen um fünf Uhr nachmittags in die Ortschaft. Viele von ihnen waren verwundet, und diejenigen, die nicht gehen konnten, wurden von ihren Kameraden auf Bahren getragen. Im Lazarett waren noch ein paar Schwerverwundete. Es waren Soldaten, Unteroffiziere und auch Offiziere dabei. Der ranghöchste Gefangene war ein am Bein verwundeter Hauptmann, der darauf bestanden hatte, den Abstieg zu Fuß zu machen. Der Sanitäter fertigte ihm einen Krückstock an, und von weitem hätte man ihn in seinem übertriebenen Stolz und so groß und stramm, wie er war, für einen Feldmarschall mit seinem Marschallstab halten können. Am Mittag machten sie eine Pause, und der Arzt und sein Helfer verteilten Kekse und Guavenpaste und Wasser. Einige Soldaten halfen ihnen dabei.

Zunächst hatte man vorgehabt, einen Begleittrupp mitzuschicken, aber dann wurde klar, daß nicht genug Männer verfügbar waren, und man entschied sich für diese Lösung. Einer der Comandantes vertrat beharrlich die Meinung, es sei zu riskant, es werde zu einer Meuterei kommen oder vielleicht würden sie die Ärzte (*sic*) gefangensetzen. Nichts davon geschah. Sie gaben eine sonderbare Prozession ab, diese bärtigen Soldaten (ein paar, der Hauptmann und andere Offiziere, hatten darauf bestanden, sich zu rasieren, aber die Mannschaften ließen sich, vielleicht aus Faulheit oder aus einem etwas verstiegenen Sinn für Humor, den Bart stehen), die da die Hügel herunterkamen, mit dem bärtigen Arzt in seiner Rebellenuniform und dem milchgesichtigen Sanitäter, ebenfalls in Olivgrün, die lange Mähne im Nacken zu einem Pferdeschwanz zusammengebunden, beide am Schluß.

Sie kamen ins Dorf, machten die Leute vom Roten Kreuz ausfindig und leiteten den Austausch in die Wege. Als die Stabsärzte der Armee kamen, schlugen sie zur Begrüßung die Hacken zusammen. Sie grüßten ebenfalls, waren aber zu müde, die Hacken zusammenzuschlagen. Außerdem konnten sie das gar nicht so gut.

ANFANGS NAHMEN SIE IHN NICHT ERNST. Er war der Arzt, gut, aber er ist sehr schmächtig, und auf jeden Fall sind seine Hände zu zart für den Krieg. Später dann, als er bewies, daß er wie jeder andere auch bergauf und bergab gehen konnte, und als er vor allen anderen auf dem Berg ankam und nicht außer Atem war, und dann bei dem Bombenangriff, als sich alle flachlegten, um Deckung zu suchen, und er mit der Transfusion weitermachte, da begannen sie ihn mehr zu respektieren und nannten ihn nicht mehr Arzt oder Doktor, sondern sagten Hauptmann zu ihm und (manche) *Herr* Hauptmann.

Aber diese Musik, die er immer im Radio suchte, vor allem nachts: Trauermusik, richtige Totenmusik. (Es stimmt allerdings auch, daß der Apparat zwar ihm gehörte, daß er ihn aber immer auslieh und daß ihn die meiste Zeit die anderen hatten.)

Eines Tages, als gegen Abend die Sonne rosa, karminrot, purpurn, malvenfarbig wurde und er etwas Volkstümliches eingeschaltet ließ, einen Chachacha oder einen Son, oder eher einen Danzón, kam ein hochgewachsener, stämmiger, indianisch aussehender Rebell, der immer sehr langsam redete, stellte sein Gewehr an die Bretterwand der Hütte (des Feldlazaretts) und sagte: Ich hab gar nich gewußt Dokter dasse auch heiße Sachen mögen. Wie, sagte er. Dassich nich gewußt hab, Hauptmann, sagte der andere, dasse auch richtige Musik mögen, sowas Heißes, sagte er. Weilse immer Trauermusik un sowas hörn. Der Arzt schaute ihn an und lächelte. Ich mag *jede* gute Musik, sagte er zu ihm. Aber dir entgeht ein Teil der guten Sachen. Ja? sagte der andere. Was soll'n das heißen? Komm öfter hierher, sagte der Arzt, und hör zu. Von da an wollte er das Tier in dem Soldaten mit Sonaten, Konzerten und Symphonien zähmen, aber die musikalische Therapie dauerte nicht lange.

Es ist schwierig, mitten im Krieg den Pygmalion zu spielen: Eine Kugel oder ein Befehl kann die beste Galatea vernichten. Dieser Rebell fand nicht den Tod, er wurde in das Feldquartier in den Bergen geschickt und hörte keine andere Musik mehr als den Gesang der Drossel am Morgen oder das Säuseln des Windes in den Zweigen und das Zirpen der Grillen bei Nacht.

Der Arzt versetzte die Rekruten (das Lazarett befand sich in der Etappe, in der Nähe des Ausbildungslagers) jeden Tag in Erstaunen, wenn er sich am frühen Morgen rasierte. Unter den Offizieren war er der einzige, der keinen Bart trug. Er verblüffte Neulinge und Veteranen, als er darauf bestand, in die Stadt zu gehen, um sich einen Zahn ziehen zu lassen, weil er dem Zahnarzt der Rebellen und seinen Künsten nicht traute. Er tat es, obwohl ihm alle abrieten, und mißachtete damit sogar einen höheren Befehl. Für die Reise verkleidete er sich nicht als Bauer, denn seine Manieren und seine Hände hätten ihn verraten. Statt dessen tarnte er sich als ausländischer Geologe, nachdem er Stunden damit verbracht hatte, einen imaginären Akzent zu vervollkommnen. Es war Mittag, als er in die Stadt kam, und er ging geradewegs zum Haus des Zahnarztes. Bevor er ankam, verlangsamte er den Schritt, und als er in die Straße einbog, ließ er äußerste, fast unglaubliche Vorsicht walten. Er ging zur Tür, schaute auf das Türschild und legte die Hand auf den Türklopfer, ohne zu klopfen. Er nahm die Hand vom Türklopfer, ging auf die gegenüberliegende Straßenseite, kam wieder zurück. Er schaute noch einmal auf das Messingschild mit dem Namen und führte die Hand zum Gesicht und befühlte den Zahn unter der Haut. Es tut gar nicht mehr weh, sagte er, merkwürdig. Er vergewisserte sich mit der Zunge, daß es tatsächlich der böse Zahn war, und sah sich bestätigt. Merkwürdig, er ist wieder heil, sagte er. Anscheinend sind die Schmerzen durch die Reise vergangen. Dann lass' ich ihn lieber nicht ziehen.

Der Zahn ist gesund, sagte er und kehrte in die Berge zurück, ohne auf die Leibwache zu warten, die ihn zu einer
vereinbarten Zeit abholen sollte.

ER FÄLLT HINTER DEM HÜGEL: den grauen Arm ohne Zorn gegen den weißen Himmel erhoben, an dem eine noch weißere, jetzt aber nicht zu sehende Sonne steht, die graue Hand, den dunkelgrauen Unterarm, das schwarze Gewehr vor der blaßgrauen Brust mit dem schwarzen Fleck auf der einen Seite, an sie gedrückt, mit ihr verschmolzen, ohne Schmerz oder Überraschung, weil man ihm dazu keine Zeit ließ, ohne zu wissen, daß er auf das schwarze Gras fällt, ohne je zu erfahren, daß man ihn immer wieder so fallen sehen wird, ihn, der noch nicht gefallen ist, aber jetzt gerade fällt, denn die eine schwarze Schulter, die schwarzgrau-schwarze Hose (es gibt keine Farbe mehr, weder eine olivgrüne Uniform noch ein rotschwarzes Band, noch blaue Augen: jede Nuance hängt vom ewigen, egalitären Licht der Sonne ab), der graue Hals, das grau-graue Gesicht, die ganze grau-schwarze linke Seite ist verschwommen, verschwimmt und neigt sich verschwimmend für immer der schwarzen Erde und dem Tod entgegen: die Feuergarbe oder der einzelne Schuß war nicht zu hören, aber man spürt den Aufprall, und er wird fallen, solange der Mensch existiert, und wenn ihn Augen betrachten, werden sie ihn fallen sehen, ohne daß er jemals fällt, und ihn nicht vergessen, solange es die Erinnerung gibt.

DER MANN WURDE VON SEINEN ANHÄNGERN »EL HOMBRE« GENANNT, aber er war nur ein raffgieriger Diktator, der zufällig eine Revolution auslöste. Er wußte das nicht, als er beschloß zu fliehen, anstatt den Kampf gegen eine Guerrillatruppe durchzustehen, der seine mit den modernsten Waffen ausgerüstete Armee zahlenmäßig im Verhältnis zehn zu eins überlegen war. Es wäre ebenso leicht gewesen, sie auf dem Land zu vernichten, wie er es in den Städten bereits getan hatte. Doch er beschloß, das Land zu verlassen, »um weiteres Blutvergießen unter den Unschuldigen und der Jugend zu vermeiden«. Das sagte er, als er den Silvesterabend dazu ausersah, sich aus dem Staub zu machen, denn er war auch ein Dieb und mußte seine Beute in Sicherheit bringen. Der traditionelle Neujahrsball im Offiziersclub sollte seiner Flucht als Tarnung dienen. Diesmal waren zu der Partie innerhalb der Party nur Generäle und Obristen eingeladen. Und ebenfalls mit von der Partie waren sein Polizeichef, der Bürgermeister von Havanna, mehrere Minister (wenngleich nicht alle), der Oberkommandierende der Marine und ausgewählte Freunde.

Punkt Mitternacht, oder vielleicht ein paar Minuten davor, kam es zu einer leichten Verwirrung unter denjenigen, die auserkoren waren, an Bord der Arche – oder vielmehr der verschiedenen Archen – zu gehen. Ein paar hochgestimmte Soldaten riefen: »*Viva el General*«, andere sangen im Chor die Nationalhymne. Nach einem hastigen Trinkspruch zerschmetterte der Diktator sein Champagnerglas auf dem Boden. Seine liebsten Günstlinge taten es ihm nach. Plötzlich gab es ein Getöse, das lauter war als zerbrechendes Glas, und der Diktator wußte, daß es Zeit war, sich im doppelten Sinne abzusetzen. »*Pancho, mi viejo*«, rief er seinem Old Faithful, dem Stabschef der Armee, zu. Wie verabredet, sollten Militärflugzeuge ihn, beziehungsweise sie alle, zu einer benachbarten Insel bringen. Dort drüben wollte er dann sehen, was er sehen wollte: die damals so unwilligen USA, Europa, Spanien vielleicht? Jetzt mußte er sich beeilen. Seine Luftwaffe gehörte ihm nicht mehr, auch wenn die Piloten immer noch seine Befehle befolgten. Beim Besteigen der Maschine sind Ruhe und Ordnung zu wahren. Sollte man mit einem Taschentuch oder einfach nur mit der Hand winken? Auf Wiedersehn, auf Wiedersehn! Die Flugzeuge starteten Richtung Sonnenaufgang, um die Provinz Oriente zu überfliegen, wo diese ganze unangenehme Geschichte begonnen hatte. Dann Richtung Dominikanische Republik, wo ihn ein älterer Diktator willkommen heißen wird, um sich den größten Teil seiner Beute unter den Nagel zu reißen. Jedenfalls war der General, der sich selbst vor allem als Soldat empfand, als er dann auf seinem Platz saß, sehr davon angetan, daß der Rückzug so geordnet vollzogen wurde. Er hatte der Flüchtlingssammelaktion den Code-Namen »Operation Wir kommen wieder« gegeben. Ob er das wirklich glaubte?

Es geschah kurz vor dem Wecken. Sie lagen noch im Bett. Sie sah ermattet aus in seinen starken braunen Armen. In Wirklichkeit war sie noch genauso fahrig wie zuvor, und der junge Leutnant hatte Probleme mit seinem Vorspiel. Doch jetzt schien sie nachzugeben. Ein braves Mädchen, dachte er, obwohl sie kein Mädchen mehr war. Offenbar merkte er nicht, wie müde, wie furchtbar müde sie nach dem Jahresabschlußball war. Eigentlich hatte sie versucht, heute nacht nicht, Schatz, zu sagen, aber es hatte nichts genützt. Er belagerte sie. Durch und durch Soldat. Plötzlich spitzte sie ihre wunderhübschen Ohren mit den falschen Diamanten in den Läppchen und lauschte. Irgendwo hinter dem Fenster war ein fürchterliches Donnern. Es klang mehr nach Kanonenfeuer als nach Sturmwarnung. Sie war beunruhigt. »Hör mal, hör doch«, flüsterte die bleiche Lady in die Lippen ihres Lovers. »Was?« Er erwartete eine lüstern leise Beichte, die Ankündigung eines Coitus, der vielleicht weniger reservatus wäre. Dann saß sie fast aufrecht im Bett, entschlüpfte ihm praktisch. »Dieser Lärm.« »Was (zum Teufel, dachte er, sagte aber:) denn für ein Lärm, Schätzchen?« Er war verstört, spürte, daß irgend etwas, entweder die Lust oder der Lärm, nachgeben mußte. »Das ferne Dröhnen«, sagte sie und machte eine unbestimmte Gebärde auf irgendeinen Punkt zu. »*No oyes?*« und dann »Hörst du es denn nicht?« Er war jenseits des Hörens und fertigte sie mit einem Witz ab: »Ach, mach dir darüber keine Gedanken, *Rica*. Das ist nur die Regierung, die gerade stürzt.« Er hatte diesen Witz schon einmal in der Kaserne gehört, aber diesmal war es kein Witz.

Auf dem Photo sieht man den Comandante en jefe, wie er in einem Jeep in die Hauptstadt einfährt. Neben ihm steht ein anderer Comandante, und man kann den Fahrer und ein Mitglied seiner Leibgarde erkennen. Im Hintergrund läßt die Menge die Helden hochleben. Doch der Photograph hatte einen Anflug von Vorherwissen. Da er den dritten Comandante nicht kannte, schnitt er ihn aus dem Photo, um es kompakter zu machen. Wenige Monate später saß der dritte Comandante als Verräter angeklagt und zu dreißig Jahren Haftstrafe verurteilt im Gefängnis. Alle, die mit ihm zu tun hatten, wurden sogleich als verdächtig eingestuft, und man machte sich daran, ihre Namen aus den Geschichtsbüchern zu tilgen. Seiner Zeit weit voraus, brauchte der Photograph sich sein Photo nicht mehr vorzunehmen, um es entsprechend zurechtzuschneiden. So etwas nennt man historische Hellseherei.

DIESMAL IST ES KEIN PHOTO, sondern ein Film, und außerdem kein besonders guter. Er ist ganz grau und zerkratzt und verwackelt, vermutlich mit einer Sechzehnmillimeterkamera aufgenommen, von einem Wochenschaukameramann, der mehr Mumm als Augen hatte. Aber der Ton ist in Ordnung. Auf der Leinwand kann man einen alten Soldaten sehen (er hat schütteres weißes Haar), und er steht nicht vor der traditionellen Wand, sondern am Rand eines Grabens. Sie haben ihn hinter ihm als Grab ausgehoben, in das ihn die Salve schleudern wird. Aber es ist wenigstens kein Massengrab. Er ist, oder war vielmehr, General in der Armee des Diktators. Er war tapfer und loyal, und der Diktator vergalt es ihm damit, daß er ihn zurückließ, ohne sich auch nur am Telephon von ihm zu verabschieden. Doch jetzt richtete er ruhig das Wort an ein Erschießungskommando, das wir nicht sehen, weil es die Männer vorziehen, wie ein scheuer Regisseur hinter der etwas schiefen Kamera zu bleiben.

»Also, *muchachos*«, sagte der General mit lauter Stimme, aber in herzlichem Ton. »Ich lass' euch jetzt mit eurer Revolution alleine.« Er sprach seine letzten Worte aus, als hielte er einfach nur eine Tischrede: »Ich hoffe, ihr habt euren Spaß dran.«

Ganz plötzlich verschwindet der Mann von der Leinwand wie in irgendeinem trickreichen alten Film von Méliès.

Sie machten ihn mit dreiundzwanzig zum Comandante, und er spottete über den schwarzen General, den man in den Unabhängigkeitskriegen zum Generalmajor gemacht hatte, *bevor* er dreißig war. »Das waren noch Zeiten«, seufzte er halb im Spaß, halb im Ernst. Er war Meisterhenker in der Provinz Las Villas und hatte das Kommando bei der Erschießung des Generals, der noch eine Rede an das Filmteam hielt, bevor er durch die Salve ausgelöscht wurde. Er gab dem General höchstpersönlich den Gnadenschuß. Dann zog er in das Haus des toten Generals, als dessen trauernde Familie noch nicht einmal ausgezogen war. Er fühlte sich wie ein adliger Herr, aber er war ein bescheidener junger Mann und posaunte es nicht aus. Statt dessen sagte er, er fühle sich wie der Sohn eines adligen Herrn. Doch er war bloß ein Usurpator. Ihm gefiel das geräumige Landhaus, und zwischen den Aufträgen (hier eine Hinrichtung, da eine Jagd nach dem, was die Regierung *bandidos* nannte) erschien ihm sein Haus als Bleibe für einen General wie geschaffen.

Aber eines Nachts begann sein Haus zu knarren und zu quietschen und sogar zu krachen, und als er nach Hause kam, sagte ihm seine Mutter, in dem Haus würde es spuken. »Ach was, in meinem Fuß spukt's!« sagte er, und da er gerne wie ein Bauer barfuß im Haus herumlief, wackelte er mit der großen Zehe vor seiner Mutter herum: »Siehst du? In meinem Fuß spukt's.« Aber seine Mutter lachte nicht: Sie war sicher, daß es in diesem Haus, das einmal dem toten General gehört hatte, jetzt spukte. Eines Tages verließ seine Mutter von Entsetzen gepackt das Haus, um nie mehr zurückzukehren. Sie nahm nicht einmal ihre Kleider mit. Das Haus mochte verhext sein, aber er war unverzagt. Er sagte, Aberglaube gehöre der Vergangenheit an. »Und wir haben die Vergangenheit ausgemerzt.«

Eines Abends gab er ein Essen für seine Offizierskollegen und erzählte ihnen von dem verhexten Haus. »Es heißt«, sagte er, »in meinem Haus würde der frühere Scheißkerl herumspuken, aber jetzt bin ja ich hier der Scheißkerl.« Sie lächelten höflich: Selbst Henker können höflich sein. »Ich werd dem Irrlicht das Licht ausblasen«, versprach er. Er zog seinen großen 45er Colt, die größte Kanone in der ganzen Provinz, zielte ins Dunkel und leistete ein Gelöbnis. »Ich hab den verdammten Scheißkerl einmal umgelegt, und ich bin auch bereit, ihn nochmal umzulegen.« Jetzt lachten sie alle, obwohl es nicht lustig war. Doch er wollte Frohsinn verbreiten, und so lachten sie noch einmal, obwohl gar kein Witz gemacht worden war. Sie aßen weiter und tranken weiter Rum, den letzten von Bacardi. »Voll den Becher«, bat er. »Ich trinke auf das Wohl des Generals«, sagte er und hielt dann inne.

Gegen Mitternacht waren alle Gäste betrunken und schläfrig. Sie schliefen bei Tisch ein, die Köpfe auf dem Tisch, die Bärte und die langen Haare in den Tellern. Aber er schlief nicht. Er erwartete vielmehr noch einen Gast. Er rechnete mit dem Eintreffen des *Comandante en jefe*, wie immer zwischen Mitternacht und Morgendämmerung. Der Chef kam aus Gewohnheit immer zu spät, aber er kam immer, wenn er gesagt hatte, daß er kommen würde. Doch statt des Comandante besuchte, als der Geist, den seine Mutter gesehen hatte, der tote General sein Haus. Jetzt sah er ihn auch. Er sah ganz genau wie der General aus. Aus seinen Kopfwunden kam sogar Blut. Er sah nicht tot aus, aber auch nicht lebendig. Er war jetzt ein Untoter. Hatte er, der junge Henker, Angst vor dem Tod? »Ich zittere nie«, sagte er laut. »Der Tisch hat sich bewegt.« Doch niemand hörte ihn. Dann zog er plötzlich wieder seinen Revolver und schoß auf den Schatten. Er konnte ihn nicht töten, weil er ihn bereits getötet hatte. Er gab noch weitere Schüsse ab. Seine Gäste wachten auf. Plötzlich herrschte unter ihnen helle Aufregung. Sie sahen ihn mit dem Revolver in der Hand und verlangten eine Erklärung. Er hatte keine: Er brabbelte nur wirres Zeug von Geistern und toten Generälen. Anscheinend war kurz davor ein General des vorigen Regimes ins Zimmer gekommen. Aber jetzt war er offenbar wieder verschwunden. Sie kamen zu dem Schluß, er sei entweder ein Lügner oder ein hoffnungsloser Waffennarr. Aus Angst erschienen sie nie wieder zu seinen Partys, aber der Geist kam jede Nacht. Einige Zeit danach erschoß er sich mit seinem Colt. Seine Freunde kamen zu dem Schluß, daß er tatsächlich ein hoffnungsloser Narr war. Ein Waffennarr.

DER ZWEITE COMANDANTE verschwand mit dem Flugzeug, das ihn in die Hauptstadt zurückbringen sollte, nachdem er den dritten Comandante gefangengesetzt hatte. Der *Comandante en jefe* machte sich im Präsidentenflugzeug auf die Suche nach ihm. Doch das Flugzeug drehte nur eine flüchtige Runde, und der *Comandante en jefe* besuchte dann einen beschlagnahmten Gutshof, um sich die Kühe und Stiere anzusehen. Am Abend sah er fern und ging erst spät zu Bett, weil ihn die lautstarken Abenteuer eines Cowboys und einer Indianerhorde fesselten. Am nächsten Morgen kehrte er in die Hauptstadt zurück, nicht ohne zuvor noch einmal eine flüchtige Runde über dem Gebiet zu drehen, wo der zweite Comandante verschollen war. Als das Flugzeug landete, sah der *Comandante en jefe*, daß die Eltern des zweiten Comandante in banger Sorge warteten. Bis zu diesem Augenblick hatte der *Comandante en jefe* Scherze gemacht und über belanglose Dinge geredet, aber als er das bekümmerte Paar sah, war er ganz zerknirscht und ging zu ihnen, um sie zum Zeichen des Beileids zu umarmen. Fast wären ihm die Tränen gekommen.

DAS PHOTO IST EIN BILD, was nicht auf alle Photos zu-
trifft. Der Comandante steht in Rührteuchstellung aufrecht da. Die Haltung ist militärisch, aber auch kubanisch
und sehr persönlich, breitbeinig steht er da, und der Wind
legt seine weiten Hosen in Falten. Die Hände ruhen über-
einander auf der Mündung des Gewehrs: ein Garand, vielleicht ein Springfield oder ein altes spanisches Mauser. In
diesem Krieg wurde mit allen möglichen Waffen gekämpft,
und manche waren nicht regulär, nach der Genfer Konven-
tion vielleicht sogar verboten: Bambuskanonen, Minen aus
Ölkanistern und mit Kieseln geladene Schrotflinten. Die
Cowboystiefel, die der Comandante gewöhnlich trägt, sieht
man nicht. Hinter ihm stehen ein paar Stauden, die wie
Vicarias aussehen, eine sehr dankbare und sehr stille Gar-
tenpflanze, die man oft auf ländlichen Friedhöfen sieht.
Aber er ist nicht auf dem Friedhof, denn der Comandante
mochte lebendige Dinge. Hinter den *Vicarias* steht ein
Holzhaus. Man sieht weder Türen noch Fenster, sondern
nur die grob gesägten Bohlen: Es ist ein Haus in einem
Dorf oder in einer Vorstadtsiedlung. Der Comandante hat
ein altes, abgetragenes Hemd an, mit offenem Kragen,
ohne Krawatte, am linken Arm eine Binde, auf der steht:
2- *de ju*-, und mehr kann man nicht lesen. Von seinem Hals
hängt ein gestreifter Schal auf die Brust herab. Er trägt den
berühmten Bart und die berühmten langen Haare und hat
den texanischen Filzhut, den er immer aufhatte, nach hinten geschoben. Sein Mund ist ernst, aber an seinen Augen
kann man erkennen, daß ihn das Photo köstlich amüsiert
und auch das Gesicht der Leute, die das Photo anschauen –
einschließlich derer, die diese Bestandsaufnahme lesen.
Seine Aufmachung wird vervollständigt durch einen brei-
ten Gürtel (mit einer großen, viereckigen Metallschnalle),
an dem links ein Jagdmesser in der Scheide und zwei Pisto-

lenmagazine hängen und rechts die Pistolentasche mit der Browning. Die riesigen Taschen der Kampfanzugshose sind wie immer voller Granaten, Bleistiftstummel, Zettelchen und Bonbons, in dieser Reihenfolge. Über seinem Kopf, wie ein respektloser Heiligenschein, steht in ungeschlachter Handschrift (auf dem Original des Photos, von dem dieses hier eine Kopie ist, vermutlich mit Bleistift) folgendes geschrieben: Foto Cheo Prado. Da Cheo Prado hier photographisches Genie bewiesen hat und nicht anonym bleiben wollte (Cheo Prado ist ein Künstler und kein Wissenschaftler: mehr Cartier-Bresson als Niepce), muß jetzt auch sein Name genannt werden.

Der Comandante ist heute tot, und dieselben Fehler und Tugenden, die binnen sechs Monaten aus dem Ladenbesitzer einen Kämpfer und Meister des Guerrillakriegs und Strategen gemacht hatten, brachten ihm nach diesen sechs Monaten auf dem Gipfel seines Ruhmes wie einem antiken Helden den Tod. Auf dem Photo sieht man seinen Charme, seinen Mut, seine Gelassenheit, sein grenzenloses Selbstvertrauen, seine Weigerung, an den Tod zu glauben, und zugleich sieht man, daß in ihm immer ein Schürzenjäger und ein Spaßvogel und ein fast leichtlebiger junger Bursche verborgen war, der in einer anderen Zeit und in einem anderen Land ein Torero mit vielen Hornwunden, ein schneller Rennfahrer oder ein unbekümmerter Playboy gewesen wäre. Aus all diesen Gründen ist es kein Photo, sondern diese Rara avis: das Bildnis des toten Helden zu Lebzeiten.

DER FRANZÖSISCHE PHILOSOPH UND SEINE STÄNDIGE BE-
GLEITERIN besuchten den Comandante, der über die Region
herrschte. Alle Comandantes waren eigentlich Kriegsher-
ren. Er war ein hochgewachsener Mann mit einem langen
Rebellenbart, trug aber sein Haar kurz. Sein Gesicht war
zugleich entschlossen und gutmütig. Seine Hautfarbe war
ziemlich dunkel, doch seine Augen waren »blau wie blaue
Murmeln«, wie es der hoffnungslos schielende Philosoph
ausdrückte. Die französische Frau sagte in einem Tonfall,
der ein Flüstern sein sollte, aber als Seufzer herauskam:
»*Comme il est beau!*« Jedermann konnte erkennen, daß sie
sur place mit ihm vögeln wollte. Aber dem Philosophen
war das völlig gleichgültig, und der Comandante verstand
kein Französisch, nicht einmal französisches Seufzen oder
französisches Flüstern. Die Französin wußte allerdings
nicht, daß der Comandante an Sex kein Interesse hatte, nur
an Macht. Er nahm seinen breitkrempigen Stetson ab und
legte ihn auf das alte Sofa, auf dem er zu schlafen pflegte.
Offensichtlich war er nicht abergläubisch, oder vielleicht
dachte er auch, daß der Aberglaube, ein Hut auf einem Bett
sei ein böses Omen, nicht für Sofas gilt. Natürlich lud er
die Frau und den Philosophen und ihren Dolmetscher zu
einem Kaffee ein. Dann setzte er sich auf seinen *Taurete*,
einen mit ungegerbtem Fell bezogenen Stuhl, wie ihn die
kubanischen Bauern bevorzugen.

Er schien sich in seiner bescheidenen Umgebung wohl-
zufühlen, da ihm an Komfort nichts lag. Der Philosoph,
der ein gewiefter Denker war, wollte wissen, wie sich die
Ideologie der Revolution auf eine alte Kolonialstadt wie
Trinidad anwenden lasse. Er nannte sie Trinité, doch der
Dolmetscher verstand es richtig. »Ich sehe in dieser Stadt
überhaupt keine Ideologie«, sagte der Comandante, der weniger als ein Major, aber mehr als der Magistrat war. »Ich

sehe hier nur Probleme des Krieges in Friedenszeiten. Es gibt die Probleme der Stadt und die Probleme des Landes, der Bauern. Wenn Sie Ideologie wollen, dann gehen Sie besser zurück nach Havanna.« Die Französin, die auch Schriftstellerin war, wollte wissen, warum Trinidad (sie sagte es richtig), eine so alte und schöne Stadt, so *dilapidated* sei. Der Dolmetscher verstand es falsch und übersetzte mit *dilapidación*, was im Spanischen das Vergeuden eines Vermögens bedeutet. Wer weiß, woran der Comandante dachte (öffentliche Gelder? sein Familienerbe?), jedenfalls wurde er wütend oder ungehalten und wollte schon unwiderruflich aufstehen. Doch der Dolmetscher bügelte seinen Fehler wieder aus und sagte ihm, die Schriftstellerin meine damit nur, daß die Stadt zu verfallen scheine. »Das ist ein Problem für Architekten«, sagte der Comandante und offenbarte, daß er ein stolzer Mann war. »Meine Sorge ist einzig und allein die Bevölkerung, die es satt hat, in vergammelten Häusern zu wohnen und auf groben Pflastersteinen herumzulaufen. Es ist kein Vergnügen, in Ruinen zu leben.« Jetzt erhob er sich, und die anderen taten es ihm nach. Der französische Philosoph durchbohrte den Comandante mit Kreuzundquerblicken, und die französische Dame schielte immer noch nach dem großen, schlanken Führer, als sie sich verabschiedete.

Sechs Monate später brach im Bergland ein Bauernaufstand gegen die Revolutionsregierung los, und der Comandante schloß sich als nochmaliger Rebell den Bauern an. Sie wurden alle gefangengenommen. Die meisten Bauern wurden in abgelegene Gebiete der Insel umgesiedelt, und alle Anführer der Rebellion wurden ohne Verfahren verurteilt und liquidiert. Der Comandante wurde *sur place* erschossen. Bevor er vor das Erschießungskommando trat, rasierten sie ihm als letzte Demütigung noch den Bart ab. Aber er hatte immer noch Augen wie blaue Murmeln. Jahre danach, als die französische Schriftstellerin ihre Erinnerungen an den Besuch auf der Paradiesinsel veröffentliche, erwähnte sie den Dolmetscher, doch den Comandante vergaß sie völlig.

ALS ER KELLNER WAR, hatte er in seinem Spind immer eine Pistole parat, für den Fall daß irgendein Obermacker des Regimes (das waren seine Worte), ein Oberst des militärischen Geheimdienstes oder ein Minister, zum Essen kommen sollte. Dann nahm er, an dem Tag, als auch der Präsidentenpalast überfallen wurde, am Überfall auf einen Radiosender teil. Er ging mit seinem Vetter. Sie kamen bei dem Überfall mit dem Leben davon und hielten sich ein paar Tage gemeinsam versteckt. Später trennten sie sich, und er versteckte sich an einem gefährlicheren Ort, während sein Vetter in einer sicheren Wohnung Zuflucht suchte. Ironie des Guerrillakrieges: Der sichere Ort wurde von der Polizei gestürmt und sein Vetter umgebracht, während er bis zum Sieg der Revolution überlebte. Man machte ihn zum Comandante, aber da er nichts zu tun hatte und sich langweilte, sammelte er in seinem Haus Waffen und Munition an. Eines Tages hatte er Streit mit seiner Frau und steckte das Ehebett in Brand, unter dem er die Waffen und die Munition aufbewahrte. Durch die Explosion lief die halbe Stadt zusammen, und als er lachend durch die Rauchschwaden herauskam, wurde er festgenommen und degradiert. Er saß eine Weile im Gefängnis, aber dann ließ man ihn frei, gab ihm bis zum Rang eines Hauptmanns seine Dienstgrade zurück und teilte ihn dem Innenministerium zu, wo er mit dem Verhören politischer Gefangener betraut war.

Er war wieder Junggeselle und wohnte jetzt in einem beschlagnahmten Haus, eher einer Villa, wo er im Salon einen Flügel stehen hatte und hinten über einen mit Teppichen ausgelegten und gepolsterten Raum verfügte, um Musik zu hören und zu machen, denn er war Amateurperkussionist und schlug sehr gut die Trommeln. Er besaß auch eine umfangreiche Garderobe (er wechselte in einer

Nacht mehrmals das Hemd) und eine ganze Kollektion teurer Kameras. Er war immer von einer Cuadrilla umgeben, und mit seinem schlanken Körper sah er auch wie ein Torero aus. Manchmal veranstaltete er Partys in seinem Haus, um mit seinen Freunden zu trinken und Jazzplatten zu hören und Musik zu machen. Diese Partys dauerten gewöhnlich von Mitternacht bis vier oder fünf, bis er zu seiner Arbeit als Verhörer ging. Seine Arbeit hatte Methode. Beim Verhören eines Häftlings zog er regelmäßig das Hemd aus, und zu vorgerückter Morgenstunde, wenn ihn die Hitze in der Zelle zum Schwitzen brachte, rieb er sich unter den Armen und machte mit dem Schweiß und dem Dreck aus seinen Achselhöhlen Würstchen und Kügelchen. Dann schnipste er diese Detritusklümpchen wie Geschosse in das Gesicht des Verhörten. Man hielt ihn für einen so ausgezeichneten Verhörer, daß er nach wenigen Monaten wieder Comandante war.

Er war der mildeste aller Terroristen, bis er vom übelsten Polizisten, den die Diktatur hatte, verhaftet wurde. Man folterte ihn und brachte ihn fast um, und er schwor Rache, sollte er diese Feuerprobe jemals lebend überstehen. Da die Diktatur unstetig verlief, ließ man ihn einige Zeit später wieder frei. Irgendwie bekam er den Namen des Polizisten heraus, der ihn so exklusiv gefoltert hatte (die politische Polizei war immer furchtbar persönlich), und erfuhr, daß er ein für seine Grausamkeit und seine gewissenhafte Detailfreude beim Foltern berüchtigter Oberst war. Er wartete seine Zeit ab, und als das Regime gestürzt wurde, suchte er unter den Gefangenen verbissen nach dem Obersten, nach *seinem* Polizisten. Er war nicht dabei. Als sogenanntes hohes Tier war er mit dem Diktator, dem Stabschef der Armee, dem Polizeichef und den anderen geflohen. Es war eher ein Exodus als ein Rückzug, und nur die Tollkühnen und die ganz Mutigen blieben zurück. Diese wurden verhaftet, verurteilt und erschossen. Doch nie im Morgengrauen: das ist nur im Film so. Der milde Terrorist war enttäuscht, doch er war ja noch jung. Er konnte warten. Er wußte, daß er seinen Fänger früher oder später wiedertreffen würde. Er fühlte sich wie eine Figur von Poe und war beruhigt. Montresor hatte Fortunato seine Rache ja schließlich auch noch abgezwungen. Sein Gedächtnis sollte sein Faß Amontillado sein.

Der milde Terrorist, der auch Katholik war, wurde zum herben Terroristen, als er sich gegen das neue Regime stellte – das für ihn genau dasselbe war wie das alte Regime, nur noch schlimmer. Um sein Leben zu retten, mußte er aus dem Land fliehen. Obwohl er es nicht so verließ, wie es sein Folterer getan hatte, war auch dies ein Exodus.

Viele Jahre vergingen, und er hörte auf, ein Katholik zu sein, und lebte auf einer benachbarten Insel, die seiner Heimat sehr ähnelte. Er war immer noch ein milder Mann, vergaß aber nie den Namen des Spießgesellen, der ihn gefoltert hatte: die Folter hinterläßt immer große Narben. Oft fragte er sich, wo der andere jetzt wohl leben mochte.

Eines Tages, fast zwanzig Jahre später, als er in einer Stadt lebte, die wie das einstige Havanna aussah, wollte er eine Hauptverkehrsstraße überqueren, die als für Fußgänger mörderisch bekannt war, und sah einen alten Mann mit einem weißen Stock, der sich ebenfalls anschickte, die Straße zu überqueren. Er rief dem Mann zu, er solle stehenbleiben. Dann rannte er zu ihm und sagte: »Lassen Sie mich Ihnen helfen. Das ist eine Todesstrecke, das wissen Sie doch.« Aber der alte Mann wußte es nicht.

Er half dem Blinden hinüber, und als sie die gefährliche Überquerung hinter sich hatten, dankte ihm der alte Mann und sagte: »Sie sind also auch Kubaner?« Der jüngere Mann sagte ja. »Kenne ich Sie?« Der jüngere Mann sagte, er glaube nicht. »Aber Sie kennen bestimmt mich«, sagte der Blinde. »Mein Name ist Carratala.« Das war der Name des Folterers, nach dem er mehr als ein Vierteljahrhundert lang gesucht hatte. Carratala: Irgendwie hatte er nach einem jüngeren Mann Ausschau gehalten. Was sollte er tun? Dieser Mann hatte gesagt, wer er jetzt war, aber war er derselbe, der ihn vor langer Zeit und in einem anderen Land gefoltert hatte? Hatte er gelesen, was Poe zum Thema Rache sagte, als er schrieb: »Nicht immer . . . ereilt den Schurken in der Wirklichkeit seine Strafe«? Jetzt war die Rache endlich sein. Er brauchte den alten Mann lediglich dahin zurückzubringen, wo er ihn getroffen hatte, oder mitten auf der Straße stehenzulassen. Aber der jüngere Mann sagte einfach nur: »Ich hab Ihren Namen schon mal gehört« – und ging wieder seinen eigenen Geschäften nach, und die hatten nichts zu tun mit Politik oder Revolten oder dem Mord als eine Form der Gerechtigkeit betrachtet.

DIE HAUSFRAUEN GINGEN AUF DIE STRASSE, trommelten auf Kasserollen und Töpfen und schrien: »Wir wollen etwas zu essen!« Die Demonstration bewegte sich auf das Ortszentrum, auf den Platz zu, wo »zum erstenmal die Nationalflagge geflattert hatte«.

Dreißig Kilometer davon entfernt, in der Provinzhauptstadt, befahl der Garnisonskommandeur, der zugleich Gouverneur der Provinz war, Panzer in Richtung auf die Ortschaft in Marsch zu setzen.

Das Ganze endete damit, daß man klammheimlich Lebensmittel in die aufsässige Stadt schaffte, und den furchtsamen Offizier, der Panzer gegen Kochtöpfe aufgefahren hatte, schickte man als Botschafter in ein afrikanisches Land – und seither ist er als Aluminium-Rommel bekannt.

In früheren Tagen hatten sie zusammen Jura studiert, und dann wurden sie zur selben Zeit Rechtsanwalt. Sie teilten sich sogar eine Kanzlei, die nur ein staubiges Zimmer in Alt-Havanna war, und eine Zeitlang waren sie beide arm. Später stiegen sie gemeinsam ins politische Geschäft ein, und der ältere Anwalt, der, der auf allen Photos so strahlende Zähne hat, war seines besten Freundes Brautführer, als dieser heiratete. Aber als dann der jüngere Anwalt einen bewaffneten Überfall auf die Armee am anderen Ende der Insel anführte, kam der ältere Anwalt zu dem Schluß, daß er ihm da nicht folgen konnte: das Heldenstück seines Freundes war gesetzwidrig. Als der jüngere Anwalt sich selbst zum Guerrillaführer ernannte, um in den Bergen den Kampf gegen das Regime aufzunehmen, blieb sein Freund in Havanna. Später dann, als sein Freund den Sieg davontrug, wurde er ein mächtiger Mann: viel mehr als ein Premierminister und sogar noch mehr als ein Präsident. Sein alter Freund war politisch ungebunden. Als der jüngere Anwalt von seinen Anhängern zum Höchsten Führer ausgerufen wurde, war ihm das völlig gleichgültig. Er glaubte, daß illegale Macht immer illegale Gesetze hervorbringt.

Eines Tages traf der Höchste Führer seinen alten Freund zufällig wieder und zeigte sich recht überrascht. Er hatte gedacht, sein Freund hätte die Insel verlassen, um ins politische Exil zu gehen. Doch er erklärte feierlich, er sei glücklich, ihn noch in Kuba zu wissen. »So viele sind fortgegangen«, beklagte er sich. Der Höchste Führer beklagte sich immer über eingebildete Mißstände: Irgendwie war irgendwo immer irgendwer gegen ihn. Aber diesmal lag er richtig. Es war offensichtlich, daß ihn sein alter Freund nicht mehr mochte. Wenn er ihn nicht mochte, dann haßte er ihn. Zwei Tage darauf wurde der ältere Anwalt verhaftet und ins Gefängnis geworfen. Später wurde bekanntgegeben, man werde ihn wegen Verrats vor Gericht stellen, verurteilen und im Gefängnishof erschießen. Er bat darum, sich selbst verteidigen zu dürfen, und während der Verhandlung hatte der alte Anwalt wahrlich keinen Dummkopf zum Mandanten. Er wußte, daß er um sein Leben kämpfte, und führte dem Gericht eine glänzende Verteidigung vor: Er wußte auch, daß er unschuldig war. Er wurde zu zwanzig Jahren Zwangsarbeit verurteilt. Aber er war stolz auf sich selbst: Er hatte nie gedacht, daß er ein so guter Rechtsanwalt sein könnte.

Im Gefängnis wurde ihm im Laufe der Jahre klar, daß er kein junger Mann mehr war, und vielleicht sehnte er sich nach der Zeit zurück, in der er der Kompagnon des Mannes gewesen war, der ihn ins Gefängnis geworfen hatte. Er war oft krank, oder vielleicht war das Gefängnis eine einzige, lange, chronische Krankheit. Er verlor die meisten seiner Zähne, auf die er so stolz gewesen war. Mit fünfundvierzig war er ein alter Mann. Er glaubte, er würde im Gefängnis sterben, doch er weinte nie.

Einmal besuchte eine Gruppe von Strafanwälten sein Gefängnis, und rein zufällig sahen sie den alten Anwalt. Sie hatten ihn als jungen Rechtsanwalt gekannt und waren überrascht, wieviel älter er jetzt aussah. Was denn mit ihm passiert sei? wollten sie wissen. Der alte Anwalt stellte fest, was auf der Hand lag: Das komme durch das Gefängnis im besonderen und das Gefängnis im allgemeinen. Er trug seinen Fall vor. Er war nicht mehr der brillante Rechtsanwalt, der er bei seinem Prozeß gewesen war, er war vielmehr mitleiderregend und, was das zweitbeste ist, überzeugend. Die Besucher versprachen, seine Botschaft dem Höchsten Führer zu überbringen, der zu dieser Zeit Nochhöchster war. Sie besuchten ihn in seinem neuen Präsidentenpalast (er war jetzt Premierminister, Oberkommandierender der Streitkräfte, Generalsekretär der regierenden Partei und

Präsident der Republik: er war in der Tat allmächtig) und nach zahlreichen amtlichen Transaktionen übergaben sie dem Höchsten Führer, Genosse, mit allem gebührenden Respekt, die Botschaft seines alten Freundes. Das ging folgendermaßen: »Der Gefangene, Herr Präsident, ist jetzt ein alter Mann und hat die Gewißheit, daß er seine volle Strafe nicht verbüßen könnte.« Der Höchste Führer nahm die Pose eines denkenden Mannes ein, eines nachdenklichen Mannes: In seiner Gedankenversunkenheit sah er sogar ein bißchen wie Rodins Denker aus. Er schien besorgt, ja sogar bekümmert zu sein. Nun sprach er wie folgt:

»Gehen Sie doch bitte zu ihm und richten Sie ihm von mir aus, er soll sich anstrengen und so viele Jahre verbüßen, wie er kann.«

Machiavelli war es, der kleine Leute davor warnte, wie gefährlich es sei, zu den engen Freunden eines Tyrannen zu gehören.

Der ältere Anwalt starb im Gefängnis.

DER COMANDANTE GAB IHM EINE GESCHICHTE ZU LESEN. In ihr ging ein Mann auf die Toilette und schloß sich dort immer stundenlang ein. Seine Frau fragte sich besorgt, was denn ihr Mann so lange auf der Toilette machte. Eines Tages beschloß sie, es herauszufinden. Sie kletterte aus dem Fenster und ging auf dem schmalen Fries entlang, der das Haus umgab. So schlich sie bis zum Toilettenfenster und schaute hinein. Was sie da sah, verschlug ihr die Sprache: Ihr Mann saß auf der Schüssel und hatte seine Pistole in der Hand, den Lauf in den Mund gesteckt. Ab und zu nahm ihr Mann den Pistolenlauf heraus und leckte langsam daran, wie an einem Lutscher.

Er las die Geschichte und gab sie dem Verfasser ohne weiteren Kommentar oder vielleicht mit einem unverbindlichen Kommentar zurück. Besonders anrührend wird die Geschichte, wenn man weiß, daß ihr Verfasser, der Comandante, sieben Jahre danach seinem Leben durch einen Schuß in die Schläfe ein Ende setzte. Um seine Frau nicht aufzuwecken, wickelte er die Pistole in ein Handtuch.

Gegen Ende Dezember 1958 war er mit einer Ladung geschmuggelter Waffen aus einem Hafen in Florida ausgelaufen. Doch als das Boot den Golf durchquerte, gerieten sie in einen steifen Nordwestwind und kamen vom Kurs ab. Eine Woche später, im Januar 1959, wurde das abgetriebene Boot aufgefunden. Die Angst vor dem Meer oder dem Tod hatte bewirkt, daß er von einem Tag auf den anderen weiße Haare bekam, und was fast noch schlimmer ist, das Löschen der Ladung wäre nur noch ein dürftiger Antiklimax zu seinem Abenteuer gewesen: Die Diktatur war sechs Tage zuvor gestürzt worden.

1960 erhob er sich im Escambraygebirge gegen die Regierung, doch er wurde von einer Schwadron der sogenannten Patrouillen zur Banditenbekämpfung gefangen, abgeurteilt und innerhalb der nächsten vierundzwanzig Stunden standrechtlich erschossen. Er hatte immer noch weiße Haare.

ALLES BEGANN DAMIT, DASS EIN AMERIKANER am Tag des Überfalls auf den Präsidentenpalast auf den Balkon seines Hotelzimmers hinausging, und ein nervöser Soldat feuerte eine Garbe auf ihn ab und tötete ihn. Sein bester Freund schwor sich, diesen Tod zu rächen, und kam nach Kuba und schloß sich der Guerrilla an, in der er es bis zum Rang eines Comandante brachte. Danach, im Frieden, wurde er Experte für die Zucht von Ochsenfröschen. Es gelang ihm, die größten Frösche auf der Insel zu züchten, und dieser Amerikaner war stolz auf sein Geschick bei der Aufzucht von Ochsenfröschen.

Doch eines Tages stoppten sie einen Lastwagen, der mit Waffen für die Konterrevolutionäre in den Bergen nahe der Ochsenfroschfarm beladen war. Dieser Amerikaner saß selbst am Steuer des Lastwagens. Er wurde vor ein Standgericht gestellt und um sieben Uhr abends an einem Tag im Jahre 1961 erschossen – knapp fünf Jahre, nachdem sie seinen Freund getötet hatten.

Es war ein Schwarzer unter den soeben gelandeten Konterrevolutionären. Als der Anführer der Patrouille zur Banditenbekämpfung, die sie gleich nach der Landung umzingelte, ihn sah, brüllte er: Scheißkerl! und knallte ihn auf der Stelle ab. Die anderen Konterrevolutionäre wurden in die Hauptstadt gebracht, vor Gericht gestellt, und einige wurden zum Tod verurteilt, andere bekamen Gefängnisstrafen von dreißig, zwanzig und fünfzehn Jahren. Aber den Schwarzen knallten sie auf der Stelle ab.

WÄHREND SIE AUF DIE MAUER ZUGINGEN, brüllten sie aus vollem Halse: Viva Cristo Rey! Viva Cristo Rey!, und sie brüllten es immer noch, nachdem man sie in einer Reihe an die Wand gestellt hatte, und brüllten es auch noch, als sie erschossen wurden. Die Ironie der Geschichte besteht darin, daß die Festung, wo man sie gefangenhielt und wo sie erschossen wurden, genau dem erzbischöflichen Palast gegenüberlag, nur auf der anderen Seite der Bucht.

Es gibt viele Geschichten über Flüchtlinge. Viele davon sind furchtbar, andere sind unfreiwillig komisch, wie die von dem Chinesen, der in einem Waschzuber floh und im Exil mit Hochrufen empfangen wird, doch der Chinese wehrt sich dagegen, als Held betrachtet zu werden, und sagt eins ums andere Mal: Walt, das is del andele, bis sie schließlich einen weiteren Chinesen in die Bucht einfahren sehen, und der sitzt auf einem Nachttopf. Doch die Wirklichkeit ist kein Witz.

Die Wirklichkeit ist, daß zwischen sieben- und zehntausend Menschen bei Fluchtversuchen ums Leben gekommen sind. Manche wurden von den Geschützbatterien an Land oder von den entlang der Küste patrouillierenden Torpedobooten zusammengeschossen, andere erlitten Schiffbruch und ertranken, viele wurden von den Haien gefressen, und noch viel mehr wurden vom Golfstrom mitgerissen, bis sie auf hoher See untergingen oder von der unbarmherzigen Natur vernichtet wurden, die weder zwischen politischen Parteien noch zwischen Guten und Bösen einen Unterschied macht.

WIR LIEFEN VON EINER STELLE AM STRAND VON SANTA FE AUS. Mit einem aus Brettern und Autoschläuchen gemachten Floß. Ich erinnere mich, daß die Mutter des Doktors, obwohl unsere Abfahrt ohnehin schon ein Wagnis war, ein Hündchen dabei hatte und daß es zu bellen anfing. Mir ist, als sähe ich sie alle im Augenblick der Abfahrt vor mir. Sie war die Lebhafteste und versuchte gleichzeitig, das Hündchen zum Schweigen zu bringen. Wir nahmen alle unseren Platz auf dem Floß ein. Und dann legten wir ab, denn die Nacht war ideal, weil sie stockdunkel war. An Proviant hatten wir ein paar Dosen Kondensmilch dabei, deren Beschaffung uns mehr Mühe gekostet hatte, als das Floß zu bauen, und Wasser und Kekse. Sonst nichts.

Gestern hat man mich gefragt, ob ich an Gott glaube. Ich will euch etwas sagen. Mir hat irgend etwas gefehlt, und dieses Etwas habe ich, glaube ich, durch diese so schwere Prüfung erlangt, die mir Gott auferlegt hat und die er mich hat überleben lassen, damit ich der Welt von dieser Irrfahrt erzählen kann, die wir unter der glühenden Sonne und mitten in diesem schwarzen Meer durchgemacht haben.

Die Tage vergingen, und mit jedem Tag wurde unser Floß wackliger. Wie weit waren wir noch davon entfernt zu wissen, welches Ende es nehmen würde! Ein Zeichen nur von einem Schiff oder einem Flugzeug hätte uns gesagt, daß wir gesichtet worden sind... Langsam überkam uns alle große Unruhe. Wir mußten die Lebensmittel und das Wasser rationieren... Noch gab es Hoffnung. Aber die Tage verstrichen weiter, und unsere Verzweiflung wurde immer größer... Und dann trat ein, was wir alle so befürchtet hatten ... das Floß zerbrach. Davor, bei Tag, wenn uns nicht die Sonne quälte, zwangen uns die Wellen, uns am Floß festzuklammern, damit wir nicht herunterfielen...

Bei Nacht kauerten wir uns vor Kälte aneinander und zogen uns zusätzlich die trockensten Kleider an, die wir noch hatten ... Als das Floß auseinanderbrach, nahm sich jeder einen Schlauch oder eine der Planken. Was er gerade greifen konnte. Man mußte sich an etwas festklammern, um zu überleben ...

Der Rest der Gruppe war durch den Wellengang von uns abgetrieben. Am Anfang sahen wir sie immer noch in der gleichen Entfernung. Die Nacht brach stockfinster über uns herein. Unsere kleine Gruppe versuchte den Kreis so eng wie möglich zu schließen, mit Hilfe der Reste des auseinandergebrochenen Floßes und der verbliebenen Schläuche. Als es Tag wurde, umgab uns gleich dichter Nebel ... Man sah überhaupt nichts ... Plötzlich spüre ich, daß mir jemand heftig an den Kleidern zerrt. Es war der Arzt, der sagte: »Ich glaube, meine Stunde ist gekommen ... Ich habe keine Kraft mehr ... Ich sacke immer mehr ab ... Ich versuche mich festzuhalten, aber die Kraft reicht nicht ... Ich bitte dich nur um eines: Rette meine Mutter, rette sie ... Um Gottes willen ... rette sie ... rette sie«, und der Arzt verschwand allmählich in diesem sanften Nebel.

Als ich dann sah, wie die Tage und die Nächte vergingen und ich immer noch am Leben war, Meerwasser trank und so oft ich konnte den Kopf unter Wasser tauchte, um das Brennen im Gesicht zu lindern ... Aber ich war sicher, daß ich nicht sterben würde ... Es war ein Schluß wie im Roman, ganz schrecklich. Jemand mußte übrigbleiben, um es erzählen zu können. Und ich setzte mir in den Kopf, daß ich dieser Jemand war. Dieser Gedanke begleitete mich den Rest der Tage, die ich noch auf dem Meer bleiben mußte, bis mich ein amerikanischer Fischer herausholte ... Wie er das gemacht hat? Das kann ich nicht erklären. Ich war bewußtlos, und als einziges erinnere ich mich noch daran, daß ich den Fischer, glaube ich, gebeten habe, mich nicht auf die Insel zurückzubringen ... Sehr genau kann ich mich aber noch erinnern, daß ich, als ich schließlich ganz allein war, einen der Schläuche nahm, um damit meinen Hintern zu bedecken, weil mich mehrmals Fische hineingebissen hatten; die kommen, glaube ich, wenn sie das Blut riechen. An meinen Schenkeln haben sie das auch gemacht. Siehst du?

ALS DAS FLUGZEUG fünftausend Kilometer und acht Stunden später landete, fiel zwischen den Rädern ein halbgefrorenes Knäuel heraus. Das war der blinde Passagier, der Glück hatte. Der glücklose blinde Passagier war das rote Licht, das auf der Kontrolltafel des Fahrwerks aufleuchtete, und er kam zu Tode, als er ins Meer fiel oder auf ein freies Feld auf dieser Insel, die beide um jeden Preis verlassen wollten.

ALS ERSTES NAHMEN SIE MIR MEIN KLEINES THEATER WEG. Weißt du, das Theater, das ich mit meinem Lohn als Schreiber bei der Eisenbahn abbezahlt hatte. Sie nahmen es mir weg. Ich kam hin, als sie gerade das Beschlagnahmungssiegel an der Tür angebracht hatten, und sie ließen mich nicht einmal meine Sachen herausholen. Und wozu das alles? Sie haben das Theater nämlich nie mehr aufgemacht. Sie haben es mir im Rahmen der Zwangsverstaatlichung einfach weggenommen und zugemacht und alles so gelassen, damit es vergammelt. Damals beschloß ich dann, das Land zu verlassen. Ich beantragte die Ausreise, und gleich nachdem ich das erste Papier, das erste Formular ausgefüllt hatte, nahmen sie mir meine Arbeit weg und schickten mich in ein Arbeitslager. Dort war ich anderthalb Jahre, und ich war nur deshalb nicht länger dort, weil ich krank wurde. Ich bekam am Bein eine Infektion, die sich vom Schenkel bis zur Wade ausbreitete. Das war vom Auf-dem-Boden-Schlafen. Sobald es Tag war, scheuchten sie uns hoch und brachten uns auf ein nahegelegenes Feld zum Zuckerrohrschneiden und dann etwas weiter zum Malanga- und Eukalyptuspflanzen. Und auf dem Feld waren wir, bis es Nacht wurde und wir in die Baracken zurückkehrten und uns auf den Boden legten, und manchmal mußte man sogar den Mäusen den Platz streitig machen. Ich weiß auch nicht, was die in den Baracken wollten, denn draußen gab es auf dem Boden mehr zu fressen als da drin. Wir hatten solchen Hunger, daß die anderen Häftlinge dort anfingen Eidechsen und Vögel zu fangen, um überleben zu können. Aber ich konnte das nicht. Einmal töteten sie sogar einen Kuckuck und aßen ihn roh, fast mitsamt den Federn. Aber ich brachte es nie fertig, einen Vogel oder eine Eidechse zu töten, um sie zu essen, und so schwächte mich die Arbeit sehr. Das hat mich dann auch gerettet. Denn weil ich so schlecht ernährt war, bekam ich diese Infektion, und die Lagerleitung beschloß, mich nach Hause zu schikken, aus Angst, ich könnte die anderen Gefangenen anstekken.

Eines Tages im Mai 1965 bekam der kubanische Kulturattaché in London vom Ministerium die verschlüsselte Order, sich als Dolmetscher für einen Beamten des Außenhandelsministeriums zur Verfügung zu halten. Das war nicht ungewöhnlich, aber was dann folgte, war sehr ungewöhnlich. Sowohl der Besuch als auch das Geschäft sollten streng vertraulich bleiben. In der Botschaft sollte niemand außer dem Botschafter und dem Agenten des G2 (der als Dechiffrierer fungierte) etwas vom Inhalt des Fernschreibens wissen. Noch am selben Morgen, an dem der Beamte des Handelsministeriums ankam, suchte der Kulturattaché mit ihm eine bekannte Stahlfirma in Essex auf. Der Manager war ein Mann mittleren Alters, der seine kahle Stelle mit glattgestrichenem Haar bedeckte, das sichtlich zur anderen Seite seines Kopfes gehörte. Er gierte danach, Geschäfte zu machen, und begrüßte seine angehenden Kunden mit einem Lächeln, das so breit war, daß sein falsches Zahnfleisch zum Vorschein kam, von den Zähnen ganz zu schweigen. Der Attaché erläuterte ihm, sein Kollege sei von ihrer Regierung geschickt worden, um Stacheldraht zu kaufen. Er sagte *barb wire*, korrigierte dann aber schnell zu *barbed wire*. Der Attaché hatte seine Bildung in den Vereinigten Staaten erworben, und es bekümmerte ihn, daß dies in England irgendwie immer wieder zum Vorschein kam. Er machte sich Sorgen, daß es in Kuba zum Vorschein kommen könnte. Der englische Geschäftsmann, der wußte, wie man zuschlagen muß, wollte wissen, welche Menge an Draht man genau benötige. Der Mann aus Havanna nannte eine Zahl, und der Geschäftsmann entschuldigte sich, bevor er sich in irgendwelche Berechnungen vertiefte. Einige Zeit später hob er sein engelsgleiches Gesicht von seinen Zahlen und sagte im Scherz: »Aber meine Herren, das ist ja Stacheldraht genug, um die ganze Insel einzuzäunen!« Der

Kulturattaché übersetzte seinem Kollegen die Bemerkung, und der Mann aus Havanna sagte auf spanisch: »Das ist im groben auch geplant – aber dolmetsche das nicht.«

In furchtbarer Koinzidenz schossen um 1966 erneut auf der ganzen Insel die Konzentrationslager wie Pilze aus dem Boden. Aber diesmal war der Stacheldraht rosa eingefärbt. Die Elektrozäune wurden gezogen, um ausschließlich Homosexuelle zu konzentrieren. Sie wurden meist in den Städten im Namen eines neuen »Gesetzes gegen ungebührliches Verhalten« *en masse* verhaftet. Kein Parlament, das diesen Namen verdient, würde es verabschieden. Ungebührliches Verhalten bedeutete anscheinend, daß die Insassen, obwohl man sie zur Zwangsarbeit einsetzte, nicht als Konterrevolutionäre, unangepaßte Bürger oder gewöhnliche Verbrecher betrachtet werden konnten. Sie waren einfach nur ungebührlichen Verhaltens schuldig, selbst wenn sie sonst kein Verbrechen begangen hatten. Es gab weder Gerichte, die ordentlich über sie verhandelten, noch Geschworene, die sich über einen Schuldspruch einigen mußten. In den nirgends festgehaltenen Urteilen wurde die Länge der Haftstrafe nie spezifiziert, aber sie ergingen immer vor dem Schuldspruch. Die für die Bekämpfung des Ungebührlichen Verhaltens zuständige Spezialtruppe der Polizei war im Grunde alleiniger Staatsanwalt und Richter, denn sie führte Befehle aus, die direkt von oben kamen. Doch niemand konnte genau sagen, worin das Verbrechen bestand, »sich ungebührlich zu verhalten«. Tausende von Bürgern, darunter viele Künstler und Schriftsteller, wurden per Sondererlaß verurteilt, »ohne Berücksichtigung individueller Schuldhaftigkeit«. Niemand wußte, worin das Verbrechen bestand, aber es schien doch etwas Inhärentes zu sein, so wie wenn man um 1936 in Deutschland Jude war. Zwar war das Land arm an Juden, aber reich an *maricones, patos, pájaros, cundangos, locas* und *pederastas*: das Paradies des Nomenklators. Wenn die Beschuldigten versuchten herauszufinden, was ungebührliches Verhalten war, brachten sie schließlich in Erfahrung, daß sie sich gerade dadurch ungebührlichen Verhaltens schuldig machten.

Schließlich wurden die Gefangenen zur Sonderbehandlung in verschiedene Konzentrationslager gesperrt, die man an abgelegenen Orten der Insel errichtet hatte. Eine Zeitlang blieben die Lager ein wohlgehütetes Geheimnis, aber wie die meisten Geheimnisse wurde auch dieses am Ende aufgedeckt. Als das geschah, trat niemand vor, um die Verantwortung zu übernehmen. Einige hochrangige Offiziere sagten, sie hätten nicht einmal gewußt, daß es auf der Insel Konzentrationslager gab. Andere behaupteten, sie hätten den Ausdruck ›Ungebührliches Verhalten‹ noch nie gehört. Ein Kulturminister, dessen Ministerium von der Krankheit in besonderem Maße heimgesucht worden war, beteuerte in Spanien, als ihn die Presse dazu befragte, ›Ungebührliches Verhalten‹ sei eine infernalische Erfindung der im Exil lebenden Feinde der Revolution und Teil einer Hetzkampagne der Medien. Als er von einem amerikanischen Journalisten interviewt wurde, versicherte der Höchste Führer, *ungebührliches Verhalten* sei nicht Teil »unseres Wortschatzes«. Er pflegte die Volksfeinde mit Namen wie Würmer oder Schanker zu belegen. Aber jetzt nicht mehr. »Was die Lager angeht«, bekannte er freimütig, »ja, es hat sie gegeben, aber sie sind jetzt Vergangenheit. Warum sollen wir in einem Land der Zukunft von der Vergangenheit sprechen?« Der Journalist fragte ihn dann nach seinen Kühen. »Das sind nicht meine Kühe«, sagte El Máximo. »Sie gehören dem Volk. Ich bin nur der Tierarzt.«

Es gab da einen Hässlichen, ungehobelten diplomatischen Kurier, der Tangos mochte. Wenn er nach London kam, wollte er immer in eine argentinische Kaschemme in Soho begleitet werden, wo nach Einbruch der Nacht Tangos gespielt wurden. Er war ein sentimentaler Kurier und fing leicht an zu weinen. Gewöhnlich blieb er bis zum Morgengrauen in der Bar, um bei jedem Tango ein bißchen zu weinen. Aber selbst zum Tango*hören* sind zwei vonnöten. Da es die Pflicht des Kulturattachés war, bei allen kulturellen Veranstaltungen zugegen zu sein, mußte er den weinenden Kurier immer nach Soho begleiten, obwohl ihm das zuwider war. Der diplomatische Kurier hatte auch eine Vorliebe dafür, zu trinken und zuviel zu trinken und zu heulen. In jener verhängnisvollen Nacht tat er dies alles.

Am Morgen danach ging er ohne die Spur eines Katers schnurstracks zum Botschafter (Kuriere hatten viele Privilegien) und beschuldigte den Kulturattaché, ein *maricón* zu sein, was im Spanischen die schlimmste Form des Homosexuellen ist. Der Kurier schwor vor der Fahne der Revolution (einer winzigkleinen auf dem Schreibtisch des Botschafters), der Genosse Attaché sei in betrunkenem Zustand zudringlich geworden und habe versucht, sachte seinen Hosenschlitz zu öffnen, der jedoch zum Glück zugeknöpft und nicht reißverschlossen gewesen sei. Vielleicht hatte der Attaché geglaubt, im Kommunismus sei auch das Privateste nicht mehr privat. Oder vielleicht hatte der Kurier einen Tango zuviel genossen. Oder er log einfach. Jedenfalls wurde der Kulturattaché nach Havanna zurückbeordert, aus dem Auswärtigen Dienst entlassen und unter der Beschuldigung ungebührlichen Verhaltens im Ausland in eine der Militärischen Einheiten zur Unterstützung der Landwirtschaft gesandt, die auch kurz UMAP hießen.

UMAP war im offiziellen Jargon die Bezeichnung für die Konzentrationslager. Das Lager, in das der Kulturattaché eingewiesen wurde, hatte hoch über dem Tor eine Schrifttafel, auf der stand: NUR HARTE ARBEIT WIRD EUCH ZU MÄNNERN MACHEN. Es heißt, der Attaché habe davor geweint.

Er war der Staatsgefangene Nummer 2717 und war in einem Kerker im Hochsicherheitstrakt des Castillo del Príncipe eingesperrt. Er hatte als Studentenführer gegen das vorherige Regime im Untergrund gekämpft, und jetzt war er, wie früher auch schon, wegen Verschwörung gegen die Staatsgewalt verhaftet worden. Er wurde vor Gericht gestellt und 1960 zu zehn Jahren Zuchthaus verurteilt, doch im Jahre 1972 war er immer noch in Haft. Zuerst war er im kreisförmigen Gefängnis auf der Isla de Pinos, aber als er von dort zu fliehen versuchte, bekam er eine Kugel ab und war dadurch halb gelähmt. Jetzt wog er nur noch 85 Pfund und sah wie ein lebender Leichnam aus. Bis zuletzt diskutierte er mit seinen Fängern, und ein oder zweimal war er in den Hungerstreik getreten. Als er starb, wurde er heimlich begraben, und sie benachrichtigten seine Angehörigen nicht und weigerten sich, seiner Mutter den Leichnam zu übergeben, als sie es nach einigen Tagen erfuhr.

ICH KANN NICHT SCHREIBEN . . . ach was, ich bin doch völlig im Eimer. Später. Sag ihm, daß man diesen Kummer eben durchstehen muß, aber was sie mit ihm gemacht haben, das ist einfach nicht zu fassen. Hör mal . . . und vorgestern sind wir zum Friedhof und sie hinter uns her mit Streifenwagen und allem, und wie wir ganz ruhig und geordnet gehen, da stellen sich uns an die dreihundert Milizionärinnen und zweihundert Streifenwagen in den Weg – sogar wenn er schon tot ist, haben sie noch Angst vor ihm, stell dir vor. Sag das der freien Welt, wenn es sowas überhaupt gibt – ach was, überhaupt nichts gibt's! Denk dir nur . . . ich hab nämlich angerufen und ihnen gesagt, daß mein Sohn für sein Vaterland stirbt, verdammt nochmal! Wo sind denn da die Menschenrechte? Das ist doch angeblich das Größte, was es gibt! Du kannst dir ja vorstellen, was das bedeutet, wenn sie ihn einfach beerdigen und mir erst drei Tage später Bescheid geben . . . nein, du, nein . . . nein . . . nein . . . NEIN! NEIN! NEIN! Das ist einfach nicht zu fassen! Zwölf Jahre hab ich also drum gekämpft, meinen Jungen zu retten, nur daß er mir wie ein Hund stirbt, und ich weiß noch nicht einmal, wo er ist . . . sie wollten mir doch nicht einmal sagen, wo er ist, wo er begraben liegt. Ich war verhaftet, nur damit du es weißt . . . acht Stunden, bis sie zu mir gesagt haben: Ihr Sohn ist tot, wir haben ihn schon begraben, und ich war verhaftet, sie haben mich da festgehalten . . . Unglaublich, was die mir angetan haben. Das ist das Leben . . . das ist die Freiheit in diesem Land . . . daß sich nicht eine Stimme erhoben und was gesagt hat! Nicht eine Stimme, die was gesagt hätte, damit er medizinisch versorgt wird, verdammt nochmal, das kann man doch keinem abschlagen . . . Natürlich wußten alle Bescheid! . . . Aber keiner hat was getan! . . . Nicht einmal der Papst . . . was hat es mir denn genützt, so katholisch zu sein? . . . Und einen Sohn mit einer solchen Selbstachtung zu haben, weil es nämlich keinen Kubaner gibt, und das ist die reine Wahrheit, der sich so für dieses Volk geopfert hat... Was die gemacht haben, das ist einfach nicht zu fassen... Stell dir das doch mal vor, nachdem sie ihn schon beerdigt haben, reden sie noch ewig drum rum, bis sie es mir endlich sagen. Ich hab nicht gedacht, daß sie so feige sind... richtige Feiglinge sind das!... Was Feigeres gibt's nicht mehr ... Weißt du, vorgestern bin ich mit zwölf anderen Frauen hin, um ihnen Kränze zu bringen... und da kommen doch hinter den Gräbern über dreihundert von diesen Proleten vor, kommen uns da entgegen... damit du mal weißt, wie es einer verzweifelten Mutter ergeht, ganz allein auf dieser Welt, verdammt nochmal, es hat mir ja keiner zugehört... ich hab doch ständig angerufen und allen gesagt: Um der Menschlichkeit willen, tut doch was!... Aber niemand... Wo?... Da drüben oder hier? Weil sie mir gesagt haben, er hätte keine ärztliche Versorgung. Und ich ging diese Stufen zum Castillo del Príncipe rauf, wie ein geprügelter Hund. Verdammt nochmal, das tut man doch keinem an... Sogar verhaftet haben sie mich... Drei Ärzte haben sie zu mir gebracht, nachdem sie meinen Sohn umgebracht haben... das war einfach furchtbar, was ich da durchgemacht hab... Sogar geschlagen haben sie mich, die Dreckskerle! Unser Elend ist einfach nicht mehr zu beschreiben... Und er war doch so ein tapferer Junge! Ach, ich glaub, daß da drüben überhaupt nichts für meinen Sohn getan worden ist... Fünfundvierzig Tage ohne ärztliche Versorgung! Seine Mitgefangenen haben die Matratzen verbrannt, haben die Betten verbrannt, haben alles verbrannt, um damit Hilfe zu erzwingen, verflucht, und keiner hat ihnen geholfen... Oh!... Sie wissen also davon?... Welche großen Organisationen denn, das Rote Kreuz?... Aber haben die denn was gemacht? Er ist wie ein ganzer Mann gestorben! Er ist für Kuba gestorben! Er ist für seine gefangenen Kameraden gestorben! . . . Für die tut doch fast keiner was . . . weil das ist der größte Verlust, den ich je erlitten hab . . . sie sollen Messen für ihn lesen . . . die ganze Welt soll erfahren, was hier los ist . . . Ist dir klar, was es heißt, wenn man einer Mutter den Leichnam nicht übergibt? . . . Du weißt ja, was es heißt, wenn man nicht einmal weiß, wie er gestorben ist . . . Du weißt ja, wie sie einen verfolgen. Ich wollte ihm nur ein paar Blumen bringen . . . Und da kommt mir eine ganze Meute von an die zweihundert Frauen daher. Ohne was zu machen. Ohne sich zu rühren. Kommen hierher, um hier rumzuschnüffeln, ich mußte sie aus dem Haus schmeißen . . . Ich verlange, daß sie mich auch an die Wand stellen, sie sollen mich an die Wand stellen. Sie haben mir meinen Sohn umgebracht! Sie haben ihn mir weggenommen, hörst du . . . Sie haben ihn umgebracht . . . umgebracht haben sie ihn . . . Und dieser Junge hat der Welt ein Beispiel gegeben. Und ich weiß noch nicht einmal, wie mein Sohn gestorben ist . . . Du weißt ja, wie das ist, gestern, vorgestern sind wir zu zwölft hingegangen, zwölf Frauen, traurige Frauen, Angehörige von Gefangenen . . . Die haben ihn mir nämlich aus Angst nicht gegeben, weil sie Angst gehabt haben, daß sich das Volk erhebt. Aus Angst haben sie ihn mir nicht gegeben, weil sie sogar noch Angst vor ihm gehabt haben, als er schon tot war. Weil eins mußt du wissen . . . Der Befehl kam von oben . . . Der Befehl war, daß er aus dem Weg geräumt werden sollte. Und man kann nichts dagegen tun! Man kann nichts dagegen tun! Sie müssen reden, sie müssen diesen Menschenrechtsleuten klarmachen, daß es noch viele Gefangene gibt, die regelrecht eingemauert sind, die müssen schauen, was man für sie tun kann, verdammt nochmal . . . Weil sie sterben! Weil sie sterben, verdammt nochmal! Man muß da einfach was unternehmen, weißt du, weil hier gibt es viele . . . . Ich werd weiterkämpfen! Weil diese Gefangenen seine Brüder waren . . . Ich bin dankbar dafür, aber sie sollen etwas für die tun, die noch da sind, weil er ist für seine gefangenen Brüder gestorben... Die Menschenrechtsleute... Dieses Internationale Rote Kreuz ... Diese OAS... Die sind wohl nur zur Zierde da... Und in der Zwischenzeit sterben diese armen Kerle in den Gefängnissen, verdammt nochmal! Du müßtest mal sehen, wie es in diesem Boniato-Gefängnis aussieht!... Du hättest mal sehen müssen, wie die aus diesem Boniato rauskamen. Ich bin jedesmal ganz krank geworden, wenn ich gesehen hab, wie einer von ihnen rausgekommen ist... Und ich bleib hier, ich werd mich hier nicht von der Stelle rühren, weil sie genauso kämpfen wie mein Sohn... Nein, der braucht mich doch nicht. Er soll froh sein, daß er nicht hier war, sonst hätten sie ihn auch schon verhaftet... Nein, aber nein, sie stellen mir doch keine Anrufe durch... Mir ist ja schleierhaft, wie du überhaupt durchgekommen bist. Bis jetzt haben sie noch nicht bekanntgemacht, daß er tot ist, und es ist schon acht Tage her... Sag ihm, daß er wie ein Mann gestorben ist... weil er für seine Brüder gestorben ist, die im Gefängnis sitzen, und er ist auch für dieses Kuba gestorben, verdammt nochmal! Ja... geh zur Messe ... laßt Messen lesen und redet weiter darüber, redet weiter und kämpft weiter für diejenigen, die noch übrig sind, weil es hier nämlich noch Tausende von Gefangenen gibt ... Jetzt halten sie sich ein bißchen zurück, weil ein ganzer Mann gestorben ist, aber bald werden sie wieder schlimm mit ihnen umspringen. Sie sterben hier im Boniato eingemauert, verdammt nochmal, und es wird nichts für sie getan. Nichts... Hör zu, ich werd hier mit ihnen die Stellung halten und zusammen sterben, dann kann ich auch wieder bei meinem Sohn sein... Hier kommen immer wieder Leute vorbei, weil sie mich ständig überwachen und ausspionieren, und wenn es kein Streifenwagen ist, dann irgendwas anderes. In der Nacht waren neulich mehr als acht Streifenwagen da, und mein Sohn war ja nicht bei mir... Und am Tag drauf haben sie mir dann gesagt, daß mein

Sohn tot ist, die Dreckskerle. Was kann man schon machen, wenn der Kerl der größte Mörder ist, den es in Kuba je gegeben hat. Sag ihm, daß ich hier sterben werde... Bei den Gefangenen... Als die mir sagten: *Pedro Luis Boitel ist beerdigt, er ist schon beerdigt*... Einer Mutter so etwas zu sagen... Und dann haben sie mich verhaftet und mich geschlagen und alles... Nein... Nein... Nein, stell dir vor, sie geben doch selber zu, daß sie den größten Fehler ihres Lebens gemacht haben! Aber er ist tot! Er ist jetzt tot! Seine Zellengenossen haben Matratzen verbrannt, haben die Betten auseinandergenommen und alles mögliche gemacht, um zu verlangen, daß er, daß er ärztlich versorgt wird, verdammt...

(Hier wird das Gespräch unterbrochen)

UND DA WIRD SIE IMMER SEIN. Wie einmal jemand gesagt hat: Diese langgestreckte, traurige, unglückselige Insel wird auch nach dem letzten Indianer und nach dem letzten Spanier und nach dem letzten Afrikaner und nach dem letzten Amerikaner und nach dem letzten der Kubaner noch da sein, wird jeden Schiffbruch überleben, ewig vom Golfstrom umspült: schön und grün, unsterblich, ewig.

Inhalt

Guillermo Cabrera Infante
Drei traurige Tiger
Roman
Aus dem kubanischen Spanisch von Wilfried Böhringer
suhrkamp taschenbuch 1714

»Ein Bilder- & Wörterrätsel schönsten und reichsten Ausmaßes, das dem Leser anheimstellt, wie er sich in diesem tropischen Regenwald der Sprache zurechtfindet. Danken wir dem Verlag ... daß wir Guillermo Cabrera Infante mit Pauken & Trompeten auf deutsch begrüßen können.«
Wolfram Schütte, Frankfurter Rundschau

»Dieser Roman ist wirklich ein Festival der Worte, ein großes Fest der Wortspielereien und Alliterationen, eine Kirmes stilistischer Kunstgriffe und ein Bacchanal der Sprache.« *Claude Bonnefoy, Nouvel Observateur*

»Ich bezweifle, daß seit dem Don Quixote ein amüsanterer Roman auf spanisch geschrieben wurde.«
David Gallagher, New York Times

Guillermo Cabrera Infante
Rauchzeichen

Aus dem Englischen von Joachim Kalka
suhrkamp taschenbuch 1750

Cabrera Infante hat der Zigarre eine Soziologie, Technologie, Psychologie und Apotheose geschrieben, so ausschweifend wie präzise, vor allem aber hat er ihr eine Mythologie geschaffen.

Cabrera Infantes Leidenschaft gilt den tausendeins winzigen Geschichten, die, aufglühend, im Restaurant, zwischen den Seiten eines Buches oder auf der Kinoleinwand aus dem verschwimmenden Rauch hervorgleiten und – rasch verglimmend – vom Leser geraucht werden wollen, Geschichten, so magisch, billig, töricht und erinnerungsduftend wie die Namen der verschollenen Zigarrenmarken, deren Litanei Cabrera rezitiert.

Das unbekümmert Subjektive dieses rauchenden Streifzuges durch die in Rauch gehüllte Welt, von Kolumbus bis Groucho Marx, von Sir Walter Raleigh bis Castro, macht das Buch zu einem reizvollen Gegenstück zu den distanzierteren Untersuchungen über die Genußmittel der Neuzeit.

»Ein bißchen verrückt vielleicht, aber wer wollte auch ein vollkommen gesundes Buch lesen wollen, das sich gänzlich der Zigarre widmet?«   *New York Times*

Lateinamerika
im Suhrkamp Verlag und
im Insel Verlag

113/1/8.94

Lateinamerika
im Suhrkamp Verlag und
im Insel Verlag

113/2/8.94